中国传统法律文化精讲

郭建／著

复旦大学出版社

前　言

　　中国传统法律文化独立发展，源远流长，体系完整，特征鲜明，被法学界称为"中华法系"，和印度法系、罗马法系、英美法系、伊斯兰法系并列为世界历史上延续时间最长、影响地域最为宽广的五大法系。

　　中国传统法律文化的发展过程几乎没有被外来文化打断过，尽管中国历史上有过多次少数民族王朝的统治，但中原地区法律的发展几乎没有受到少数民族习惯法的影响。相反，倒往往是少数民族王朝接受中原地区传统法律体系，以及法治理念。而中国传统法律文化对于境外其他国家及民族却曾有过巨大的影响。和罗马法在欧洲地区、伊斯兰法在阿拉伯诸国通行的情况相仿，中国法律在太平洋西岸的东亚诸国也曾发挥着持久的影响力。如唐律曾经成为日本、高丽等国立法的蓝本，明律也曾被朝鲜、日本、琉球、越南等国当作立法的楷模。

　　与世界上延续时间较长的其他四大法系相比，中国传统法律文化最突出的特点就是将法律完全视为人为的规范体系，它既不像印度法系、伊斯兰法系那样将法律视为神的直接旨意或启示，也不像罗马法系、普通法系那样将法律视为一种间接反映神的旨意、囊括人类生活各方面的伟大传统。在中国传统法律文化体系中，神的旨意没有立足之地。先秦诸子对于法律起源的探讨大多是从人类生活本身寻找原因，且都认为法律实际上只是政治统治者的创造物。虚无缥缈的神谕、芸芸众生的惯例都被排斥于法律之外。因此，中国传统法律文化以其制定法，即以其体系明确完整、结构逻辑严密的法典而著称于世。然而这也同时造成法律与民间习惯脱离，难以得到民间自觉遵守的弊病。

和其他四大法系相仿，中国传统法律文化认定在法律之上依然有着更高层次的规范体系，这就是"礼教"。但是礼教不是一般意义上的宗教，并不被认为是一种尊崇神的意志、供奉神的体系。礼教是重人事的，它以家庭伦理为核心，并以此展开成为包容人类生活各个方面的体系。法律必须遵循礼教原则，并且和其他法系有所不同的是，中国传统法律文化并不要求把礼教的各个方面都细化为具体的、可操作的法律规范。社会规范体系是一个巨大的、多维的网络，法律只是其中一环，"天网恢恢，疏而不漏"（《道德经》）。政治的理想是由被视为人上人的"君子"士大夫官僚以"德治""人治"来推行礼教教化，实现"仁政"。法律被限定只能起有限的作用，即所谓"德礼为政教之本，刑罚为政教之用"（《唐律疏议·名例》律疏）。所以，法律并不具有包容一切规范的地位，法律的裁决也远远不是最权威的评判。

人们清醒地认识到法律只能起到有限的作用，因此，传统上视法律为君主进行政治统治的手段之一，君主本身是凌驾于普通的法律之上的。春秋战国时期的诸子百家的论述，无论何家何派，在法律完全作为政治统治工具这一点上是毫无异议的，分歧只是在于这种统治工具在政治统治中应占据何等地位而已。后代一直强调"法自君出"，君主拥有立法的全权，所有的古代法典都是以皇帝的名义发布的，皇帝的敕令也一直是最重要的法规来源，所谓"三尺（指法律）安出哉？前主所是著为律，后主所是疏为令；当时为是，何古之法乎！"（《汉书·杜周传》所载杜周对法律性质的说明）皇帝同时又是最高的法官，一切重案的最后裁决权都在皇帝掌握之中，所谓"擅杀生之谓王，能利害之谓王，何格令之有？"（《宋史·刑法志》所载宋徽宗对司法官员的训诫）皇帝也不受法律的约束，除了其内心的自我约束以外，理论上并不存在其他外在的制约机制。

法律既然一直被认为仅仅是政治统治的工具，那么其主要任务也就被缩小界定为镇压反抗，维持统治。由此形成了所谓的"重刑轻民"的传统特色，刑事立法始终是统治者立法和讨论的中心课题。同时，政治统治与司法审判也就完全合一，各地的官府就是法院，各地的官员就是法官。其诉讼审判制度的目的也就不能不是以贯彻官府的政令为核心，而视民间的诉讼为对政府施政的干扰。

与其他延续时间较长的法系相比，中国传统法律文化另一个不那么明显的特点是从未出现过职业法学家集团。由于中国传统法律文化把法律视为政府施政的手段，所以从不允许民间自行研究探讨法律问题。战国时法家代表人物商鞅、韩非都主张禁止"私议"，而传说中子产杀死教人诉讼的邓析，于是"民心乃服，是非乃定，法律乃行"（《吕氏春秋·离谓》）。这样一来，像古罗马时代那样的民间职业法学家阶层也就无从产生。而执法的官员也是在官场上不停地流动，不会形成如同英国中古时期那样职业化的法官集团。没有职业化的法学家阶层，使得中国古代法律及法学的发展缺乏后劲，尽管很早就在立法技术、刑法学等方面达到了很高水平，但在唐朝以后却长期停滞，没有能够使法律及法学得到进一步发展。

2014年中共十八届四中会议通过的《中共中央关于全面推进依法治国若干重大问题的决定》中提出：建设中国社会主义法治理论体系，需要"汲取中华法律文化精华，借鉴国外法治有益经验，但决不照搬外国法治理念和模式"。强调了中国传统法律文化的当代现实意义。本书专门介绍中国传统法律文化的一些主要内容，希望借此普及中国传统法律文化的常识，整理出理解中国传统法律文化的基本线索。

目 录

第一讲　独角神兽的法力——中国传统法律理念 /1
第二讲　煌煌法典一脉传——辉煌的立法成就 /21
第三讲　可上下的阶梯——独具特色的身份制度 /38
第四讲　人伦之本——婚姻法律文化 /58
第五讲　血缘划出的圆圈——亲属制度 /79
第六讲　家庭的大锅饭——继承制度 /99
第七讲　走向文明的契机——刑罚制度的改革 /116
第八讲　"抓大放小"——刑事政策原则 /143
第九讲　"咬死不抵命"——定罪量刑的通例 /162
第十讲　"官有政法，民从私契"——中国古代的契约精神 /177
第十一讲　"损人一目，家产平分"——中国古代的损害赔偿 /197
第十二讲　包公和他的大铡刀——传统的司法理念 /213

延伸阅读书目 /234
后记 /235

第一讲　独角神兽的法力
——中国传统法律理念

扫一扫
观看本讲视频

人类与动物一个很大的不同，就是人类的行为规范主要是由人类自己创设的，是依靠人的学习得到的；而动物主要依靠的是基因遗传的本能。法律是最重要的行为规范，是人类社会自创的，是社会成员主动学习或被动接受的，在这些有意识的创设和学习过程中，人类社会的法律理念，包括统治者的立法及司法理念，作为社会精英、掌握了当时知识体系的"知识分子"的法律学说及其思想，作为引领社会大众的法律观念，就在法律文化体系中占据了非常重要的地位。当人类社会发生变迁的时候，法律制度可能迅速改变，但是社会的法律理念，尤其是大众的法律观念仍然会停留在过去的时代，要经过很长时间甚至几代人的更替，才会逐渐与新的、可能是外来的法律制度合拍。所以，我们要介绍中国传统法律文化，首先要从中国传统的法律理念讲起。

古文字的解读

既然法律制度是人类自创的，那么它是通过什么来创设和传播的呢？很显然，主要依靠的是语言。因此，从某种意义上讲，法律文化也就是一整套话语体系。当我们需要把话语记录下来的时候,就会把我们的意思通过文字凝固起来。这样一来,我们考察古代的文字,就可以知道古代的人们在创设法律的时候,他们的意思是什么。

那么,我们讲中国传统法律文化,首先就可以从法律的"法"字来开讲。

独角兽的传说

法律的"法"字,据说原来就是这个字:灋。这是中国最早的字典、东汉人许慎编写的《说文解字》上的说法:"灋,刑也。平之如水,从水;廌所以触不直者去之,从廌、去。"也就是说,这个"灋"字就是"刑",也就是处罚的意思。左边三点水表示"平之如水",也就是表示它的公平性。右边上半部分是一个"廌",是传说中的一种独角神兽,"所以触不直者去之",是用来抵触有罪的人。所以,这个字尽管有三点水,但是许慎却将它归到"廌"的部首一类里去。

"廌"据说是一种独角兽,也叫"獬豸"。这是中国传说中的一种动物,在现实生活中并不存在。古人留下的图像也有很大的差别。我们看看如图所示汉墓画像石中的独角兽:

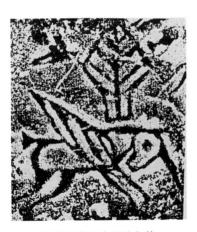

汉墓画像石中的独角兽

汉画像石的独角兽是从前额伸出来一根笔直的角,脸有点像马,有着飞翼。我们再看甘肃武威出土的东汉墓中的木制獬豸:

甘肃武威出土的东汉墓中的木制独角兽

这个木制独角兽有一条高扬起来的尾巴,也有一根很长的独角。可以看到,它的翅膀没有了。

再看一件也是在武威出土的东汉墓葬中的铜制獬豸,这个獬豸比较神气一点,身形比较像马,但是它的这只角非常长。

甘肃武威出土的东汉墓葬中的铜獬豸

陕西乾陵前的獬豸石像

到了唐朝的乾陵,也就是武则天墓前放置的獬豸石像,又有了不同。大概是因为用石头做的时候,那根笔直的角做不出来,所以这只独角兽的角就放到脑门后面去了,而且它又有了翅膀。

以后中国历代皇帝的墓前面总是会有獬豸石像,造型仍然在变化。左图是明太祖墓前的獬豸石像。

它跟麒麟实际上很像,只不过跟麒麟并不一样,皮肤上没有鳞片。它头上这只角也是往后伸的,且很早就断掉了。同时它的身体并没有翅膀。

南京明孝陵前的獬豸石像

清代监察御史补
服上所绣獬豸

我们再看明清时期的这件"补服",也就是表示官员地位的一种标识,官服的前胸上有块一尺见方的布,上面绣有绣像,文官绣的是一种飞鸟,武官绣的是一只走兽,每一品级都不一样。只有监察御史绣的是一只动物,就是这个獬豸。

御史补服上的这只独角兽,角是往上直升的,而且它的脸已经跟马完全不像了,像我们熟悉的石头狮子的样子,豹眼、大嘴,而那个飞翼又出现了。监察御史是监察官,号称皇帝的耳目,所以这只獬豸的眼睛瞪得非常圆。

历史上这种神兽的造像不断在变,弄得我们现在不知道怎么来想象它。比如下面是现在新建的旅游景点开封府前面的造壁上雕的一只獬豸,大约雕刻者都不知道怎么来画它的这张脸,所以它既有点像豹子,也有点像狮子,和马是完全没有了关系。至于那只角,又恢复到传统的那种笔直笔直的样子。

开封府前照壁上雕刻的独角兽

两 个 法 字

实际上,我们看到的"灋"字和法律的"法",很可能原来就是两个字。复旦大学法学院的王志强教授很早以前就考证过,"灋"是直到西周才出现的,在中国最早的文字甲骨文里,还没有找到这个"灋"字。这个字目前可以看到最早的是周代青铜器铭文上的,目前可以找到七例,其中有一处解释为"大",是《大盂鼎》中"灋保先王"一句中的用法;其余六例都出现在"勿灋朕令"这一句式中,是"去、废"的意思。一直到秦汉之交,"灋"都是用来表示去除、废除的意思,读音也应该是 fèi,即废。比如在湖北云梦睡虎地秦墓出土的竹简里,秦国法律就有两个例子,是说哪个官员犯了贪污罪，或者做了坏事，"灋之"。

我们现在用的这个法律的"法"字，就目前所看到的材料，在周代早期的金文里已经出现：

法——途径、措施、模仿

* 早期金文：人们出发进行狩猎的象形
* 晚期金文：
* 篆文：

据一些学者解释，"法"这个字是这样形成的：左边一个人在走路，下边有张嘴，表示招呼大家一起走，去过一条河；而在河的右边，有一个人，头上装了一只鹿角，在引诱鹿群过来。因此这个字的意思就是怎么通过河流去追踪野兽，进行伪装，集体捕猎。到了西周末年的晚期金文，这个字被简化了，把那条河移到最左面来，下面则变成一个去字，还是人走路的样子。最后变成篆体里的这个"法"字。字义从怎么去打猎的一个路径、打猎的办法，引申为遵循、模仿的意思。比如说我们看道家的经典《道德经》里说："人法地，地法天，天法道，道法自然。"很明显，在这里，"法"是遵循和模仿的意思。

东汉许慎的《说文解字》是公元2世纪的作品，许慎好像并不具备甲骨文以及金文的知识，很有可能他把这两个字搞混了。

不过话又说回来，也可以说这两个字已经包含了有中国特色的法律理念。

首先，这两个字都是工具性的，一个是动词"废除"，一个是动词"模仿"，两个字表达的意思并不具备神圣性质，没有尊贵的地位。在古代"礼"才是最高级的规则，具有神圣性，享有尊贵地位，可以用来评判万事万物。而这两个字所表示的意思并没有达到这样的高度。

其次，"灋"和"法"，与古代最具神圣性、最尊贵的规则的"礼"，没有明显的沿袭与继承的关系，看起来没有直接的传承性。这两个字是春秋晚期才开始被普遍使用的，仅仅用来表示国家公布的成文法，某种意义上是与"礼"并行的一种操作性规范，与"礼"之间的关系并未被明确。

最后，这两个字都是技术层面的语词，不带有终极规范的意义。而"礼"才具备这种终极价值观念判断依据的意思。比如在作为儒家经典的《论语》里，孔夫子评判社会现象，总是习惯于从是否符合"礼"的角度来作判断。

崇高的"礼"

"礼"这个字，本身是指祭祀神灵的仪式。什么叫祭祀？听上去很神秘，实际上很简单，就是请神灵吃饭。从我们人类自己请客吃饭这个习惯开始，儒家一直有"夫礼之初，始诸饮食"（《礼记·礼运》）的说法。这不算中国独有的，全世界从古至今都是这样的。因为古代人类不知道自己为什么能够在地球上生存下来，总认为这个是上天神灵的赐予，所以我们要侍奉上天神灵。那我们怎么来侍奉上天神灵？影响我们的神灵我们看不见，所以，我们只能想象，因为人吃东西是第一件大事，我们给神灵敬奉最好的食物，就能取悦于神灵，做一个交换，神灵就会保佑我们了。

所以，祭祀习惯都是从人类平时很常见的饮食习惯里发展出来的。只是我们想象中的神灵是怎样饮食的呢？供奉的食物在体量上看不出变化，所以，古代的人们想象，神灵主要是依靠嗅闻食物的馨香来得到满足。由此祭祀总是将人们认为最好的食物通过烹煮、烧烤来散发香气，到了后来就直接采用熏香的方式来敬神了。

为祭祀而供奉的食物在散发了香气后，参加祭祀的人们就可以分

商代青铜爵

食。当然，祭祀的食物是供奉给神灵的，那么在分配这些祭品的时候，就要严格按照与神灵关系的远近来进行分配。古代这个就叫作"爵位"。古代喝酒也是从祭祀的仪式过来的，酒被认为是谷物或水果的精华，具有浓烈的香气，喝下去会使人晕晕乎乎，能够产生幻象，在古代被广泛认为是能够与神灵沟通的祭品。供奉过神灵后，每个参与者喝酒的位置，也就决定了他的社会地位。古代饮酒用的器具是"爵"，贵族的等级也就叫作"爵位"，是祭祀神灵的时候贵族所处的位置。贵族也叫"肉食者"，这个肉不是普通的肉，是祭祀神灵的肉，一般的老百姓吃不到，只有参与祭祀仪式的贵族才能吃到。

祭祀是古代社会最重要的事情。因为我们不供奉神灵的话，神灵就要降罪于我们，我们就得不到保佑，就会发生危险，所以，祭祀的仪式也就成为整个社会最重要的规则。一直到春秋的时候，统治者仍然认为"国之大事，在祀与戎"（《左传·成公十三年》）。因此很早就有表现这种仪式的文字，甲骨文里就有这个"礼"字。

礼字的变迁

甲骨文： [图] + [图] → [图]

早期金文： [图] + [图] → [图]

晚期金文： [图] + [图] → [图]

籀文： [图] + [图] → [图]

篆文、隶书： 禮 + 礼 → 礼

我们看这张"礼"字的结构图：甲骨文中左边是一个盛器，加上两个"王"，实际上就是供奉的烤肉串，因为烤肉串能够最大限度地散发香气。后来又在盛满了烤肉串的器具前面加上一个表现祖先牌位的符号。金文里也是一模一样的结构，只不过供品更像是肉串。晚期的金文里逐步把这个肉串改成了一个有盖的器具，叫作"簋"（guǐ）。前面那个"礻"就是表示祖先神灵的牌位。另外一种写法就是描绘出那股香气，一边是祖先牌位，一边是牌位前缭绕的香气，这个写法就变成我们现在的简体字"礼"。

"礼"是祭祀祖先神灵的仪式，重要性实在是太高了，所以，后来就用这个字来表示一切最重要的规则。大概到西周的时候，成为习惯法的总称，西周社会最重要的社会规范都叫作"礼"，被认为是最高规则。

"礼"的变迁

在全世界各个文明古国，通行的法律都是习惯法，而且都是不成文的。文字是很晚才开始使用的,一开始大家都是口头交流,口耳相传,口头约束。有一个著名的传说,叫作"周公制礼"(《史记·周本纪》),说是西周灭商以后,摄政王周公把周族的"礼"整理了一下,要求分封到各地的周族人民遵守。

到了春秋的大变革时代,原来口耳相传、周族人民普遍遵守的习惯法"礼",在日益扩大的社会成员那里就被逐渐淡化。到孔夫子的时候,其批判社会现象,主要的标准就是"礼",《论语》谈到"礼"的就有七十五处之多。"礼"在观念上还是最重要的。但是同时,各个诸侯国也都已经开始在公布并实施国家制定的成文法,社会上已经出现了另一套并行的规范体系。

到了战国时期,"礼崩乐坏"的现象更为严重。"礼"逐渐淡出社会生活,大量具体的社会规范实际上已经被各国的成文法

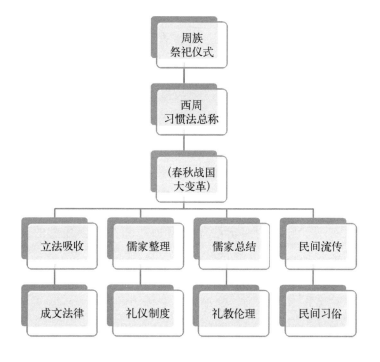

吸收；而很多仪式性的规范有相当一部分被孔夫子所开创的儒家整理为礼仪制度；另外，孔夫子所开创的儒家更为了不起的一点是，儒家归纳了西周"礼"中一些最基本、最重要的原则，孔子也把它归纳为"礼"，后来一般称之为"礼教"；还有一些继续在民间流传，就成为了民间的习俗，不再有直接的强制力。

"一字之差"

跟世界其他地方相比，中国古代在原来的"礼"之外另行创设了"法"，"礼"和后来的"法"之间没有直接的连接。

而在世界其他地方的古代文明，有的就没有这样的变迁路径。比如在西方法律文化的源头——古罗马的法律发展过程中，原来的习惯法被称为 ius，据一些学者，比如日本学者佐藤信夫在他的《法の源流》中就认为，ius 这个字原来的意思也是一种祭祀仪式。后来罗马法在发展中，包括"市民法""自然法""万民法"，都结合有这个字。

——iustum（正义）

——ius civile（市民法）

——ius naturale（自然法）

——ius gentium（万民法）

只有下一层次的制定法才使用 lex（专指议会通过的规范），后来又称为 leges（制定法的统称）。

ius 这个字可以翻译成"法"，但实际上它是一个无所不在的规则，是最神圣的规则，跟中国古代的"礼"是同一概念。只是后来出现成文法的时候，它依然是文字的组成部分。这个特点影响到后世的欧洲语言文字将法律视为具有神圣性的终极规范，法律就是正义，正义就是法律。英文中的 law，法文中的 droit，德文中的 Recht，都具有"公平""正义"的含义，是人类社会最高生活准则的总称，可以用以评论是非，可以用以裁断争议，可以用以评价行为，甚至还可用以指自然的规律。古希腊哲学家认为"法律者，一切神事及人事之君也"。罗马法学家塞尔苏士对法律的定义是"善良公平之术"。罗马的法学教科书《法学阶梯》明确界定说："法学是关于神和人的事物的知识，是关于正义和非正义的科学。"法律本身被当作了人类社会应实现的终极目的。13世纪德意志地区的法律书《萨克森明镜》甚至说："上帝自身即法律，故法律为上帝所钟爱。"

中国就换了一个字，概念也被换掉了。因此，继承了罗马法的西方话语体系，和中国传统文化讲到法律的时候，有很大的不同。西方人把法律看成一个单一的系统，而中国人习惯于将法律看成一个复合系统的组成部分。

严复的提醒

这一中西两方"法"的不同，一百多年前就被中国最早开眼看世界的思想家注意到了，这位思想家就是清朝末年的严复。严复在翻译法国法学家孟德斯鸠的名著《论法的精神》（严译书名为《法意》）的时候，一开始就曾做过一个按语：

> 盖在中文，物有是非谓之理，国有禁令谓之法，而西文则通谓之法。故人意遂若理法同物，而人事本无所谓是非，

专以法之所许所禁为是非者，此理想之累于文字者也。中国理想之累于文字者最多，独此则较西文有一节之长。西文法字，于中文有理、礼、法、制四者之异译。学者审之。

他说这本书里法国人孟德斯鸠讲到的"法"，跟我们中国人讲到的"法"是两回事，我们中文里面事物有是非之分，一件事情对或者不对，我们用"理"、用道理来判断；而国家公布的禁令，称之为"法"。事物的是非跟国家公布的法律可以不统一，不是一回事。国家公布的法律可能是不合理的，但是可以合法，中国人会纠结于某件事合理不合法或者合法不合理，强调理和法之间的冲突。严复说西方人没有这个观念，从西方人的眼光来看，"理"和"法"就是同一个概念。事物本身是没有是非的，合乎法律的就是，违反法律的就非，除了法律以外，没有其他的评判标准，是非和法律是同取舍的。所以，严复说中国的文字复杂会限制理想，可是在这方面却有着优势。

严复接着又进一步指出，西方的"法"字在中文里面可以翻译成这样几层意思：第一层意思是"理"，天理、道理，事物终极的判断；第二层意思是"礼"，相当于中国的礼教，符合道德评判；第三层意思是国家公布的"法"，法律；第四层意思是"制"，就是国家的制度。因此，西方人的"法"实际上包含了中国这四个方面的意思。他提醒读者，在阅读他所翻译的这本《法意》时，要注意到这个重要的差别。

严复翻译《法意》时类似的按语很多，加起来总共有七万多字，将这些按语集中起来重新出一本书也是非常有价值的。现在只有看《严复文集》中所编辑进去的。只是他采用的文体还是文言文，现代人阅读有点困难。

社会规范体系应该是复合体

由此,我们可以说中国传统法律文化中有三个最基本的法律理念:第一,社会的规范体系应该是一个复合体,包括但不限于法律;第二,法律作为这个复合体的组成部分,主要是政府管理社会的途径;第三,作为社会治理,法律可以是一种以暴制暴的手段。

我们首先来看第一个,社会的规范体系应该是一个复合体,包括但不限于法律。法律并不完全等同于正义和公正,看待一件事情的公正或者不公正、是否符合正义,不能简单地看这件事情合法不合法。合法的也可能是不符合正义的,终极的标准是"理"。这个"理"就是"天理",包括了礼教纲常,包括阴阳变化,我们认识到的终极的宇宙规律、超自然的规律。

复合体的第二个层次是"人情"。这个人情就是"人之常情",也包括"习以为常",大家都是这么做的。还有"己所不欲,勿施于人",适可而止,"过犹不及",就是做事不要太过分、太绝对的态度。

还有就是"情理"。"情理"也可以是"人情",比如说过犹不及,不要太过分,也可以称之为情理。但在很多时候,是指一般情形下的因果关系,由社会大众的经验逻辑形成的观念。这种语义我们今天还常用,比如去看电影,说这个故事在意料之外,但却在情理之中。但这种逻辑并不是严格意义上的形式逻辑,不是那么严格的大前提—小前提—结论的三段论的形式逻辑。中国文化讲究的是经验逻辑,在经验上、习惯上,一般情况下会发生的后果。

在中国古代,至少从汉朝开始,主流意识形态就提倡法官司法审判要兼顾法律和人情。比如东汉时的一个例子:有一个农民去长官那里揭发一个亭长（相当于今天的派出所所长），说这个亭长每年都收我礼品。长官问："你来揭发他干嘛？"农民说："法律不是禁止官员收取百姓的财物吗？"长官笑了，继续问："那个亭长向你索取过财物吗？"农民说："那倒也没有。""那你送他东西的时候你想求他什么事情吗？""那也没有。"长官笑道："法律确实是禁止官员收受百姓的财物，但是过年过节的时候互相赠送礼品，不是人之常情吗？律设大法，礼顺人情。你既然没有去要求他什么事情，他也没有勒索你什么，你现在偶尔跟他关系不好了，就来揭发他，你这不是太过分了么？如果你要我严格按法办事的话，我确实要治理他受所监临罪，但是首先要处分你一个行贿罪。回家好好去想一想。"

这个故事非常有名，做出这个判决的法官叫卓茂，被记载于《后汉书·卓茂传》。我们可以把它作为一个表明中国情理法并用的始创性判例。后来历代都推崇这样能够融合复合体几项原则的判决。我们在唐宋时期法官的判语里面，就经常看到从"论情""论理""论法"这样三个维度来讨论案件的。到了明清的时候，衙门厅堂匾额上面都写着三个大字"情理法"，或者是"天理人情国法"六个字。对于法官来说，判决的三个等级，第一个等级是天理，第二个等级是人情，第三个才是国法。所以，我们说中国传统法律文化里面，法律不是一个终极的评判，法律并不完全等同于正义。正义的最高标准不是通过法律表现出来的，而是在法律之外。

法律并非社会共同规范

中国古代法律是政府发布的管理社会的规范，也就是我们通常所说的"王法",是国君或帝王发布的法,不是社会共同体的法。

那么,这个"王法",国君或者皇帝自己要不要遵守?这个不知道,也不好说,后来也不让讲。西汉文帝时期的最高法官(廷尉)张释之曾经当面对汉文帝说:"法者,天子所与天下公共也!"(《史记·张释之列传》)法律应该是皇帝和天下百姓共同遵守的规则。唐太宗也曾说过:"法者,非朕一人之法,乃天下之法也。"(《旧唐书·戴胄传》)不过至晚从宋朝开始,就不再有类似的君臣对话被记载于历代的正史中了。这个问题成为一个禁区。

可见,在古代,法律是由政府发布出来管理社会,而不是政府和整个社会要一起要遵循的规范。可见法律是施政的工具之一,是朝廷推行政务的工具,但又不是最主要的工具。甚至唐朝的法典及其与立法解释合编《唐律疏议》序言里就说:"德礼为政教之本,刑罚为政教之用。"秦朝灭亡后,没有一个朝代号称自己以法治天下,都宣称"以孝治天下",所以,近代法学家杨鸿烈在他的《中国法律思想史》一书中总结说,中国历代实行的是"德主刑辅",法律只是辅助性的工具,施政主要靠的是礼教。

在朝廷的观念上,法律只是施政的辅助性工具。而在老百姓的观念里,法律也只是解决纠纷的一个辅助性的工具。老百姓打官司往往并不是寻求一个正义的、公正的解决,只不过是在纠纷中取得一个主动的地位。我先告你,让你处在被动的地位。这就是我们民间俗谚里讲的"恶人先告状"。而且告状的时候一定要告一个重罪,明明是钱债纠纷,常常要讲成勒索;明明是夫妻纠纷,有时会去加上人命案件。

举一个典型的事例:最普及的古代法制教育故事,莫过于秦香莲和陈世美这对夫妻冤家。秦香莲去开封府告陈世美,罪名是"杀妻灭子",秦香莲分明还活得好好的,儿子根本一根汗毛都没有伤，但是诉状上写的是"杀妻灭子"，说陈世美杀了妻子，灭了儿子。事实上，陈世美只是企图谋杀秦香莲，并没有谋杀儿子的故意，但是包公照样受理。为什么？因为老百姓起诉写状子的时候，有个习惯叫"无谎不成状"，或者叫"无赖不成词"，没有谎言不成为状子，没有犯罪也要赖对方一个罪名，要把一个重大的罪名赖在对方头上。他是不是真的要对方受到严重处罚？实际上不一定，只不过在双方纠纷当中我这样告你一个重罪，让你害怕，我就可以处于一个主动地位，然后你赶紧地给我妥协。

所以，从政府和民众两头来讲，法律都被认为是工具。现在有学者把它叫作"法律工具主义"，我很讨厌把所有的事情都加一个主义在上面，不过在这件事情上非常适合。政府作为施政的工具，老百姓作为吵架的工具，从两头来讲，对于法律本身都缺乏应有的尊重。

"以暴制暴"的传统

我们讲的中国传统法律理念第三点，就是在中国传统文化里，法律经常是代表着"以暴制暴"的暴力。

古人认为法律代表着政治权力，而政治权力从哪里来的？是枪杆子打出来的。所以，法律就是枪杆子的延伸，也是属于一样的暴力系统。所以，中国历代就有所谓"兵刑合一"、"刑起于兵"（这里的兵是指武器，借指战争）这样的说法。中国第一部法制通史、东汉史学家班固写的《汉书·刑法志》，前面一半写的是军事史，后面一半才写的是法律史。在他的观念当中，兵与刑、战争和法律是同一件事情。

战争是无规则、无限制的暴力,不需要程序按部就班,不需要规章千篇一律,中国著名的兵家著作《孙子兵法》就提出"兵不厌诈"。进行战争的时候可以采用各种各样的诈骗手段。和战争相比,实施法律算是一个有一定规则、有一定程序的暴力过程。但是如果政治形势需要,也可以不讲究程序。只要我施用的目的是正当的,是为了让社会稳定,为了让朝廷统治稳定,那么实施法律的时候就可以不择手段,只要能够达到终极目的。

正因为如此,独角神兽獬豸才一直得到推崇。獬豸本身不用讲程序,它只要眼睛一瞪就能发现问题,发现罪犯,于是它对着发现的那个罪犯,拿自己头上那根独角直接顶一下,在罪犯身上戳个窟窿,直接把他处死就结案了。所以,獬豸神兽实际上代表着暴力。

崇尚暴力除奸,是中国民间的法律概念里重要的内容。中国民间最喜欢看的就是包公戏,每一出包公戏的结尾,都不是包公通过复杂的法律论证,通过程序证明了罪犯的罪名,然后给出一个适当的合法的判决。包公可以通过做梦,梦见了一件事情;或者声称到阴间去了一次,取到了某个证据;或者是看着这些人就不顺眼,就像他看着陈世美不顺眼说陈世美一个眉毛长一个眉毛短,一个肩膀高一个肩膀低,于是得出结论:"眉长眉短有儿女,膀高膀低有前妻。"事实就这样被搞得"一清二楚"了。

根据我自己对于包公戏源流的研究(《皇权与铡刀——包公戏里的法文化》,贵州教育出版社,2017年),宋代话本、元代杂剧中的包公故事,一般还有不少包公推理破案的情节,可到了明清的包公戏剧本中,推理破案的故事已不多见。到了晚清、民国时期的包公戏剧本基本上都是情感戏。尽管推理破案的情节在原来的说唱艺术以及根据说唱艺术改编的小说中占的比重相当大,可是在改编成戏剧时，包公破案都是极其直截了当，根本不需要任何推理过程，直接就断定是非曲直。

包公戏流传和流行至今，说明观众根本就不在乎包公发现事实的方式方法、推理的逻辑性、程序的合法性之类的问题。观众相信包公可以解决一切，只要他认定这个人是坏蛋，然后喊一声"铜铡伺候"就可以。这就让台下的观众很解气，很痛快。这里面实际上包含了原来主流意识形态所强调的一种观念，即法律本身不过是政府的施政手段之一，是维持政府统治、暴力除奸的一个权力表现。

本讲小结

中国传统法律文化中的法律理念，并不仅仅是由儒家或者法家、道家等思想家写在书里面，它也反映在我们每个中国人的行为举止中。

本讲根据獬豸神兽故事及其造型的演变，解释了这个故事所反映的中国传统法律理念。第一，社会的规范体系应该是一个复合体，包括但不限于法律；第二，法律作为这个复合体的组成部分，主要是政府管理社会的途径；第三，作为社会治理，法律可以是一种以暴制暴的手段。

虽然中国传统法律已经被废除了一百多年，但是这种法律理念作为一种文化现象，到今天仍旧影响着中国社会。

第二讲　煌煌法典一脉传
——辉煌的立法成就

扫一扫
观看本讲视频

在上一讲"中国传统法律理念"中我们提到,法律在中国古代一直只是作为政府的施政行为。可恰恰是因于此,中国古代的立法可以走在世界前列,取得极其耀眼的立法成就。古代朝廷在立法的时候,完全可以出于统治者的需要,出于施政者主流意识形态的设置,不需要去考虑民间已有的习惯问题。如果朝廷认为民间的一些事情对于朝廷统治来说并不重要,那就可以不予立法。这样一来,中国历朝历代的立法,可以秉持一种相当单纯的、技术性的思路,使之臻于完善。而且历朝历代的法典也是相当稳定,一脉相承,法典的立法成就走在世界的前列。

礼与刑的时代

古代文明的早期社会,都要经历一个漫长的不成文的习惯法时代、法律依靠口头传播的时代、口头约束号令的时代。三千多年前的中国商周时期,就是处在这样的一个时代。那时候的法律主体就叫"礼",还有配套的、主要针对外族人的"刑"。

关于"礼",在上一讲已经介绍过了,它是商族或周族的习惯法总称。另外一套法规叫"刑",最初主要针对的是外族人。在商朝本土以及各个诸侯国里,商族人是占据统治地位的,包括领主(国君)以及大小贵族、下层的"国人",这些人都适用商族的习惯法。而每个诸侯国并非清一色的是商族人,还有很多被打败、被征服的外族人、土著人。这些人也需要一套法律加以规范,这些法规统称为"刑"。

"刑"也是一套习惯法。本族人适用的习惯法是本族人用口语流传下来的,本部落的人相互都懂,可是外族人听不懂,当时语言都不一样。我们完全可以想象,即便到了当代,一个广东人跟一个温州人在一起,都不懂普通话的在一起的时候,互相都听不懂,鸡同鸭讲。当时既没有广为流传的普通话,也没有那么多认识字的人,所以,当时对于外族人,对于不认同本族的文化、语言也不同的外族人,需要另外的一种习惯法。

"刑"字的变迁

* 甲骨文:　　金属铸模的象形　　井

* 早期金文:对枷锁中罪人施加刑罚　井 + 刂 = 刑

* 晚期金文:　刑

* 篆文:　　　刑

在甲骨文里已经有"刑"字,就是今天的汉字"井"。当时这个"井"的意思实际上就是"型",引申为"刑"。很多学者认为,这个"井"原来是金属铸模的象形。为了制造青铜器,商朝的时候我们的祖先已经掌握了熟练的浇铸技术。"井"就是模型,先做一个模型,然后在模型外面糊上耐火泥土,干燥后再把耐火泥土切开，取出模型，再把耐火泥黏在一起，形成空腔，然后把熔化的青铜浇铸进去，形成青铜器。冷却后把耐火封泥拆掉，就得到一个和原来做的模型一模一样的青铜器件。这个过程就叫铸造，铸造出来的产品是一模一样的，这个东西就叫"型"，"模型"的"型"，就是这个"井"字，两横两竖的笔画表现的就是铸模的空腔。后来这个"型"也用来指规则，就是要求按照规定一模一样、完全不走样的意思。引申出规则的字义。就像浇铸青铜器一样，将非商族的外族人的行为塑造为合乎商朝以及各诸侯国的要求、能够遵循服从的模式。

可是在商朝后来的金文里，这个"井"字发生了演变，我们看到在"井"的中间部位出现了一个点。有学者认为，这时的"井"已经不是青铜铸模了，而是表示一种戒具或刑具，当中那一点就表示被关押、被拘束的人身。然后旁边再加上一把刀，将罪人关在这个戒具或刑具当中，用刀对他进行惩罚。因此，这个字义更主要的是强调处罚，也就是我们今天讲的刑罚。

出现这样的变化，应该也容易理解。在当时环境下，统治者针对外族人的管理中，主要是治安问题，要排除外族人的不稳定因素。所以，针对外族人的习惯法，应该是以治安管理为主，以处罚为主。也就是规定什么事情不准做，做了要受处罚，这样就是规定犯罪与刑罚的法律了，同时也影响到字形的变化。

到了周代的金文中，"刑"字就基本定型了。一把刀一个井，书写麻烦的那个点也不需要了。表示处罚性的那把刀长久保留下来了。篆体逐步改变，把原来"井"字上的两个小竖拿掉了，明确了"刑"这个字具有处罚的含义，既表示处罚的具体方式，也是指怎样的行为要进行怎样的处罚，兼有处罚和规范的意思。

成文法的兴起

全世界古代文明在法律发展的过程中，一般都会从不成文的习惯法过渡到成文法。往往是先以文字将原来口头传播、口头约束的习惯法记录下来，然后再逐渐过渡到由国家颁布的制定法，最后进入到成文法典的时代。

中国古代也是如此，而且中国古代进入到成文法时代是相当早的，早在公元前536年，中原地区的郑国就率先公布了成文法。当时在欧洲，希腊的雅典在这之前的公元前597年公布成文法，而罗马要到一百多年后的公元前439才公布成文法。

郑国是一个位于中原地区的诸侯国，当时郑国的执政大夫（相当于后世的总理大臣）子产下令将"刑书"铸在青铜鼎上，向全社会公开。

鼎
* 甲骨文：
* 金文：
* 篆文：

为什么要把法律铸在鼎上？这个鼎就是上一讲提到的在祭祀祖先的时候用来煮"牲"的青铜器具，有三足鼎立的，也有四

足的，都空出底部，可以放置柴火。祭祀仪式举行时，要把整头牛、整头羊、整头猪放在这个青铜器具里进行烧煮，因此，这种青铜鼎是非常大的。由于这个青铜鼎实在太大了，而且要连续烧煮几天几夜，没有办法放到厨房里去，平时都是放置在露天的广场上公开陈列的。祭祀的对象是国君的祖先神，祭祀的仪式是在祖庙举行，煮牲的青铜鼎也就放置在祖庙前的广场上。中国古代宫殿建筑格局"前庙后寝"，也就是君主居住的宫殿位于祖庙的北面，连为一体，而宫殿和祖庙都是国家权力的象征，祭祀祖先使用的这个鼎，也就有了代表国家的意义。所以，把这个成文法律铸在鼎上面，既为了表示郑重其事，代表国家权力，同时也为了表示法律不可更改的意思。这么大一个鼎，铸成以后再改上面的文字，就要重新浇铸，那就太麻烦了。

相比之下，欧洲古代公布成文法时就没有这么郑重其事。传说雅典最早的法律是刻在石头上的，不过到了公元前597年公布法律的时候，法律条文只是简单地写在木板上，然后将木板挂到柱廊里。后来罗马公布法律的时候，也是将法律条文写在十块木板上挂到柱廊里，不久又增加了两块，号称"十二表法"。

非常遗憾的是，孔子对于郑国公布法律这件事是持批评态度的，所以他编著编年史《春秋》的时候，只用了五个字记载这件事："郑人铸刑书。"至于郑国为什么要这么郑重其事地公布法律，这个"刑书"的主要内容是什么，他根本就不屑于记载。而且在儒家讲解《春秋》经典的《左传》里，也没有进一步的细节说明，相反，倒是记载了在郑国铸刑书后不久，晋国的大夫叔向批评子产的一封信。那封信的大概意思是说，以前先王以礼的精神和原则来处理具体事件，而不预先设制固定的法律，就是怕百姓起争夺之心，而且还以礼义德行等各种方式教诲民众，这样就根本不需要严密的法律。而现在，百姓知道有了固定的法律规定，不再敬畏尊长，有了争讼之心，民众就不再尊重旧有的"礼"，而会以公布的"刑书"为依据对锱铢之利在所必争，讼案日增，贿赂公行，无可救治。历史上那些烦琐的法律规定出台，都是衰乱之世的征兆。你这样做，会遭到报应的。被这样批评后，子产还是给叔向回了信，说你的意见很好，我没有能耐，考虑不了子孙后代的事，我只是为了"救世"（《左传·昭公六年》）。在《左传》里还记载了孔子对子产的批评，说像子产铸刑书是将原来社会严格的等级给打破了，"贵贱无序，何以为国？"（《左传·昭公二十九年》）

现在只能根据对于郑国"铸刑书"遭到的这些批评来推测，那个铸在鼎上的"刑书"最大的特点，很可能是将原来适用于外族人的"刑"，扩大到适用全体郑国人，只要是郑国人，都要接受同样法律的管辖与处罚，实际上破除了原来的社会等级制度。从子产回复叔向的信中"救世"的说法来看，很可能郑国当时正面临严重的社会危机，而且我们还可以推测，这个社会危机大概就是因为来自各地其他部落的外族人要求与周族国人遵守同样的法律而引起的。

很可能这种社会危机在各个诸侯国都存在，所以，尽管受到了叔向的批评、孔夫子的非议，但郑国的这种做法却在春秋时期各个诸侯国迅速地扩散开来。就是叔向所在的晋国，也在二十三年后的公元前513年，将一部法律铸在了一个铁鼎上，向社会公开，这在史书上称为"铸刑鼎"。不久后各诸侯国纷纷制定并公布法律，从史书上的零星记载我们可以得知，这些国家的成文法有齐国的《七经》、楚国的《宪令》、韩国的《韩符》、赵国的《国律》、魏国的《魏宪》，等等。

法 典 化 进 程

到了战国时期,也就是公布成文法后过了一百多年,大概在公元前 400 年前后的时候,魏国一个叫李悝的政治家,编了一部立法的书,叫《法经》。"法经"的意思就是制定法律的经典,我们今天称之为法典的专家建议稿。李悝是将其作为立法的蓝本来写的,他认为法律最好应该分成六篇,分成六个组成部分,组成一个法典,应该是一个有机的整体。

为什么要分成六个部分?因为六这个数字是一个非常完美的数字。六就是六个方位,上下左右前后,可以确定一个空间。所以,六这个数字在中国古代有神秘意义,具有涵盖、整体、包含等诸多意思。社会是一个空间的、立体的概念,用能够涵盖空间的六个方位引申出六部分组成的法律,是最好的社会控制手段的体现。

那么,李悝设想的能够涵盖整个社会各个方面的六部分是哪些呢?他认为"王者之政莫急于盗贼",所以第一篇就是《盗》,是关于财产保护的;第二篇就是《贼》,是关于人身保护的(直到唐宋时代,法律上的"贼"都是专指暴力侵犯人身及社会的犯罪)。有了这些犯罪行为以后怎么来处理?就是第三篇的《囚》,如何来审判、如何来起诉。第四篇《捕》,就是如何抓捕罪犯。这两篇都可以算是程序法的内容。以下第五篇将除了"盗"和"贼"以外的所有犯罪一网打尽,所有其他的犯罪行为,统统用一个"杂"来概括。

李悝这部《法经》最稀奇之处,是他提出法典里面必须要有一篇"具",通过它来规定整个法典涉及的种种行为,什么情况下是犯罪,这个犯罪在什么情况下如何进行处罚,什么情节要加重,什么情节要减轻,要有一个总的规则。这个总的规则李悝称之为"具",就是"具其加减",以上的所有犯罪行为,怎么来加重怎么来减轻,由这篇来规定。

李悝这部《法经》是他理想的法典框架,是不是在魏国就实现了这样的立法?大概不是。我们现在可以看到当时魏国法律的一些篇目名称,和他设想的不同,数量也不止六篇。但是《法经》在世界法律史上的地位仍然很高。《法经》具有一个完整的逻辑结构,这在当时世界上是没有的,根本还没有人想到这一点。罗马人在公布法律的时候,先是十篇,后来又加了两篇,号称"十二表法",可见它开始时是没有一个整体规划的。后来的罗马法学家也没有设想要将所有的成文法律归纳为一个有完整结构的体系。尤其是在法律里面应该有一个总则的部分,来规定全部法律的适用原则,这是非常了不起的。李悝设想的这个"具法"就相当于今天法典的总则,这种在法典中设置总则的设计,在世界上是首次。欧洲国家很晚才想起来,一直要到18世纪,才开始由国家出面来完整立法,那个时候才开始逐步考虑到在法律前面要加一个总则部分。因此,李悝这部《法经》是中国立法技术远远领先于世界的一个标志。

"改法为律"

我们可以注意到,春秋时期开始公布成文法的时候,法律的名称是"刑"。到了春秋晚期,名称就很多了。而战国初期,李悝编写的《法经》,将"法"字作为理想中法律的名称。就像我们上一讲所说明的那样,这个"法"字原来就有遵循、模仿的含义，后来又逐渐产生"平之如水"、法律要公平对待的字义。

战国时代伟大的改革家商鞅是从李悝所在的魏国来到秦国的，据说他到秦国的时候就携带了李悝的《法经》。可是他在秦国主持变法的时候，将秦国的成文法改称为"律"。这个影响非常大，后来中国历代的正式法典就叫"律"。

那为什么要用"律"来取代"法"？我们需要了解一下"律"字原来的字义是什么。"律"这个字在甲骨文里面是这样的：左边是我们今天称之为双人旁，实际上就是交叉路口的象形，意思是途径，排队走路，你要跟着走，不要走错的意思。右边是一只手，握着一根笔直的东西，而这根笔直的东西还有眼在往外喷气。什么意思呢？那根笔直的东西是一根两侧开眼、可以吹气的管子，实际上右边这个部分就是手拿竖笛在吹奏的样子。

竖笛是人类发明的最早的乐器之一。人类掌握的第一种乐器，当然是鼓、梆子、编磬、编钟之类的打击乐器，那是直接模仿的自然现象，我们可以从动物世界等电视节目里看到，非洲的大猩猩吵架的时候，猛烈地敲击自己的胸脯，利用胸腔共鸣，发生"嘭嘭嘭"的声音来威吓对方。所以，打击乐总是能够使听众激动，因为这是触发我们传承原始的一种东西，我们传统的韵律感、节奏感都从打击乐开始。凡事要大家遵循统一的步伐，最好就是敲鼓，一直到今天的少先队活动还是这样。我们中国人后来发明编磬，把不同大小的石片挂起来敲击出不同的音符。后来又发明编钟，用青铜浇铸出不同大小的挂钟，敲击奏乐。

管乐是我们人类的伟大发明。古人打猎后，把猎物吃了，把骨头里的骨髓吸掉，有时在吸骨髓的时候会发出声音，"咻"的一下。我们的祖先注意到这种现象，把吸完骨髓的骨管吹着玩，就发现骨管上开个眼让空气流通，每个眼的位置不同，发出的声音就不同。肉骨头就从食物残渣变成了乐器。这个就是管乐的来源。这个发明很早,考古工作者在湖北发现了一批骨笛,像下图中间的这根骨笛,是一根仙鹤翅膀的骨头做的,根据埋藏的地层推测大约是九千年前的,这根骨笛到现在还能吹。欧洲还发现过两万五千年前的骨笛。

律 字

* 甲骨文:彳 + 聿 = 律

* 篆文:律

* 原指以竖笛定音

因为这个竖笛是人类发明的最早的乐器,所以后来所有的打击乐器、所有的弦乐器要定音的时候,就用竖笛来定音。而"律"字本来的字义,就是描绘定音的动作。所有的乐器都要通过竖笛来定音,所以这个字的引申义就成了音乐的规律,左边有了表示遵循跟从的那个交叉路口。而这个规律又是不以人的意志为转移的,定音要经过无数次的摸索,才能使所有的乐器音调完全一致,听上去悦耳。这个"律"字再引申出自然规律,不以人

的意志为转移的规律。所以司马迁写《史记》的时候,将对天文物候的观察集中为"律历书"。

商鞅特意把国家公布的成文法用"律"来命名,实际上隐含的意思就是"不可随意更改"。"律"本身尽管是国家公布的,但是它和自然规律一样,是不能够以人的意志为转移的,人只能不折不扣地加以执行。一般人肯定没有能力去改动法律,他大概是要防止君主来任意改动法律,所以才使用了这个"律"字。

律令制时代

商鞅将国家正式公布的成文法称为"律"以后,后来各朝各代的法典也都称为"律"。而从西晋开始,形成了律令两大法典并行的传统,成为中国传统法律文化的一个显著特征,这是全世界其他地方都没有的。

至少从汉朝开始,朝廷立法就逐步有意识地将"律"和其他的法律分离。到了西晋,明确贯彻立法的原则:"律以正罪名",就是说"律"是用来定罪量刑的,相当于我们今天的刑法典;"令以存事制","令"是用来保存国家及社会生活事务制度的。

西晋到明朝的一千二百多年中,历朝历代的成文法律都分为两大类,一类叫"律",一类叫"令"。"律"就是从反面来规定人们的行为,什么行为不准做,什么行为必须要做,不准做的你做了,必须做的你没做,就要受到怎么样的惩罚。所以,它带来的是消极的、处罚性的后果。凡是有这样的规范都编制在"律"里。"令"原来的字义就是"领","领"就是脖子,引申出领着你走的意思,所以"令"就是带领的意思。凡是规定民间可以做什么、怎么来做的法规，称之为"令"。也就是从正面来规定的、积极的、引导的法规，统编为"令"。所以，"令"包含了国家的制度、社会生活的制度。一般来说，"令"本身并不直接规定处罚方法，但是在"律"里面会专门有一条"违令罪"，可以打你五十下。

律 的 沿 革

中国历代的"律"，大致相当于我们今天的刑法典，有着一目了然的发展脉络。

"律"可以从《法经》开始讲。《法经》是李悝编写的法典蓝本，商鞅带着《法经》到秦国，要按照《法经》的指导来落实立法。但即便是商鞅这样伟大的改革家也没办法，因为秦国已经有了非常多的法律，你可以把国家正式发布的成文法定名为"律"，可是你没有办法削足适履地将秦国已有的法律统统塞到《法经》的六篇里去。所以，商鞅很可能是把《法经》的立法原则带到了秦国，从而整理了秦国已有的成文法律。我们今天在湖北云梦睡虎地秦墓出土的竹简中可以找到很多秦国的法律，单律的篇目就有十八篇之多。

秦国统一全中国，秦律也就施行到了全国。秦朝后来虽被汉朝灭掉，但是汉朝沿袭了秦朝的律，秦律就变成了汉律。然后经过三国，汉律被曹魏律、晋律先后取代。南北朝时期，南北分治，但是律还是从汉朝延续下来的。南朝基本延续了晋律。北朝有北周律和北齐律，北齐律后来变成隋朝的《开皇律》，隋朝的"开皇律"又被唐朝继承，被改造为唐律。唐律后来被两宋沿袭，宋朝自己没有立律，讲到律，就是唐律。后来明朝立法的时候仍然以唐律为蓝本，也接受了元朝一些律法。清朝入关后，沿袭了明律，稍作修改就称之为《大清律例》。这些演变过程，我们用下面这张图表就一目了然了：

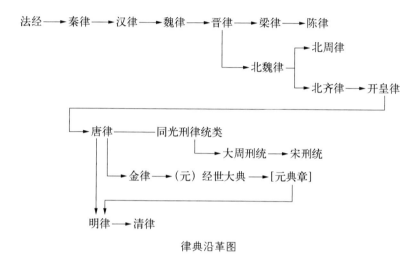

律典沿革图

在这些律里面，有着承上启下、起到决定性作用的，可以说有下面几部。

第一部当然是秦律，经商鞅整理后的秦国以及后来秦朝的法典。很可能商鞅按照《法经》的原则，在秦律中增加了具有总则意义的《具律》。后来被汉朝继承，沿用了四个多世纪。

第二部是魏律，也就是曹魏的律典。这是曹操的孙子曹魏明帝即位后于公元229年公布的。这部律最重要的贡献之一，就是将原来的《具律》改称为《刑名》，放置在全律起首的位置，和我们今天的法典一样，总则放在最前面。这成为以后历代律的通例。

第三部是北齐律。北齐律是在公元564年公布的。这部律号称"科条简要"，全部条文是949条，一共分为十二篇。为什么是十二篇？因为十二这个数字在欧亚大陆的古代都是有神圣意义的，被认为是个吉祥的数字。因为古人很早就发现月相变化十二次差不多正好是一年,而夜空中最明亮的星星之一的木星,它的轨迹周期也是十二年。所以十二具有完整、全面的意思。在这之前,秦汉律的篇目大约总有上百篇,曹魏律是十八篇,晋律是二十篇,而北齐律精简到十二篇,后来隋律、唐律也都是十二篇。北齐律还将总则部分的篇章定名为"名例",被后世各代沿袭。

第四部是唐律。唐律是651年公布的,653年又增加了立法的解释叫"律疏",一起颁布。一共是十二篇,502条。我们今天能够看到的最早、最完整的律,就是唐律。一字不缺,完整地保存到了今天。最早的刻本是元代的,书名《唐律疏议》,现在沿用这个称呼。这部法典非常了不起,条文之间高度完整统一,逻辑分明。日本法史学家仁井田陞在他的《中国法制史》一书中曾经说,《唐律疏议》是公元7世纪的作品,放到一千两百年以后的19世纪的欧洲,和19世纪主要欧洲国家的刑法典相比,毫不逊色。

第五部是明律。明太祖朱元璋建立明朝后多次公布律典,其中洪武七年律就是完全按照《唐律疏议》来编制的。后来1389年初新修订公布。其最大的特点是不再采用十二篇的体例,而是在名例律下,按照吏、户、礼、兵、刑、工六部命名篇章,形成了七篇章的体例,总共460条。清朝入关以后,全盘继承明律,仅仅做了一些小部分的删改,律条436条。

由此可见,历史上的律基本上是从秦律开始一脉相承。

令 的 演 变

中国传统法典的另外一条线索就是"令",就是规定你可以怎么做、应该怎么做的行为规范。形成这样的规范性法典，是从西晋开始的。

在西晋以前，秦朝的"令"和汉朝的"令"，都是指朝廷公布的单行法规。秦始皇规定皇帝"命为制，令为诏"，即皇帝下达的指示命令称为"制""诏"，具有最高的效力。秦汉时如果需要制定某项单行法规，或者由皇帝直接下达制、诏指示，诏书或制书中往往有"具为令"或"著为令"的表述，即要求大臣进一步拟定法规的细节；或者由大臣提出立法建议，经皇帝批准，交由有关部门起草法规条文，再经皇帝以制、诏批准发布，即成为"令"。这种单行法规的涉及面很广，包括了刑事、民事、行政等多方面的规范性文件。

在秦汉时期，"令"也是"律"的一个重要来源，所谓"前主所是著为律，后主所是疏为令"（《汉书·杜周传》），即前一个皇帝所颁布的令，如果在他死后仍然被认定为具有法律效力，就编入"律"的相关篇目；而当时在位的皇帝所发布的一般都称之为"令"。比如秦始皇颁布禁止私人收藏书籍的"挟书令"，到西汉惠帝四年（前191）"除挟书律"时则由"令"改称为"律"。令的条文一般仍然保留其立法的过程，比如大臣提出的立法建议、皇帝的批准，等等。但是在改编进入律的相关篇目后，就成为单纯的法条，不再有立法过程的痕迹。

因为两汉绵延了四百多年，法律的体例也有所变化，"令"与"律"开始逐步分家，刑事方面的条文仍然保留在"律"中，而行政部分的、社会生活方面的单行法规逐渐径称为"令"，不再归并到"律"里，编制为"令甲""令乙"的汇编。到了东汉末年，曹操"挟天子以令诸侯"掌控大权，但又不能直接全面修改"律"，因此采用将"令"单独编制为法典的办法，编制了

"军中令",其中包含多个篇目。后来魏明帝颁布魏律的时候,也编制过一些单独的令。

到了晋朝明确律令并行的法典体系,"令"就完全不包括任何单纯的刑事法规,而将"令"作为制度性的法典,与"律"一起公布,二者并行实施。此后这个"令"也就一脉相承下来。它的篇章结构一直到宋朝都没有太大的变化。前面将近一半的篇目都是规定国家机构的有关制度,后面一部分则是有关社会生活的制度,比如说婚姻令、衣服令之类。归纳不了的就都放在"杂令"这个篇目里,包括了怎么做买卖、欠债怎么还钱等民事方面的规范。

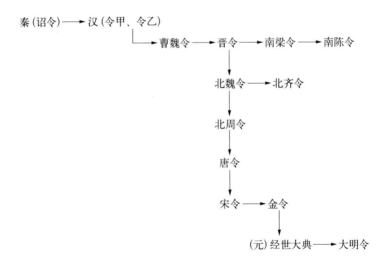

令典沿革图

从这张沿革演变的图可以看到,"令"的发展几乎也是一脉相承的,从西晋到宋朝,"令"的篇章结构没有什么大的变化。当然,条文的变化应该很多,可是遗憾的是,我们今天看不到一部明朝以前完整的"令"。最后一部"令"是《大明令》,完整地保留到了今天。可是这部《大明令》已经不再是典型的、一脉相承的"令"了，它是一部非常简单的法典，不再是原来那种包罗万象、条文动辄数千条的大型法典，它只有147条，按照吏、户、礼、兵、刑、工六部分篇，其中的《刑令》，原是作为同时公布的第一部《大明律》配套的刑事法规总则，与历代令的体例完全不合。因此，可以说明朝摒弃了两大并行法典的传统，不再试图将国家政府机构与社会生活制度统编于一部法典，而是采用了颁布大量的有关单行法规的办法来加以规范。

本讲小结

　　和世界文明古国情况相似，中国古代也曾经历过不成文习惯法的阶段，统治者本部族习惯法称为"礼"，由本部族成员遵循。而对于非本部族的外来人采用称之为"刑"的习惯法。

　　至春秋晚期，中国迅速进入到成文法时代，并且在战国初年就已经开始了法典化的过程，形成了"律"的法典体系。而在西晋以后，中国传统法律文化进入到律令并行法典的时代，"律"相当于今天的刑法典，"令"则是包括了国家行政事务和人民社会生活的制度性法典。这是中国传统法律文化的重要特色。

　　并行的律、令两大法典经历了长期的发展，其基本结构与内容一脉相承，体现了很强的稳定性。但自明朝开始，不再编制完整的"令"。

第三讲　可上下的阶梯
——独具特色的身份制度

扫一扫
观看本讲视频

今天我们现行的法律里没有,但是在古代法律里具有头等重要的意义的,就是"身份法"。这些法律的作用就是设立严格的社会等级,建立社会阶梯,把所有的人都划定在各自所处的社会等级中,扮演社会成员的角色。所有的权利义务,都根据所处的社会成员身份来确定。这种社会等级最基本的三个划分,就是特权阶层,平民阶层,以及被法律所蔑视、被踩在社会底层的贱民阶层。

基本的社会结构

中国传统的法律文化里,身份法律制度也是重要的内容,社会成员被划分为严格的等级。但是和世界上其他地方的身份法律制度不同,中国传统法律文化在划定严格的阶梯的同时,又允许有条件地转换身份。换言之,中国传统法律文化设立的是一个可上下的阶梯。社会是划分等级的,但是等级上的具体的人并不被固定,可上可下,具有一定的流动性。这是中国传统法律文化的重要特色。

中国古代基本的社会身份结构如下图所示：

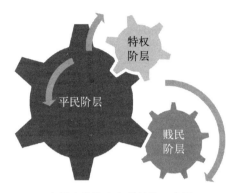

中国古代社会身份结构示意图

特权阶层的人很少，贱民阶层的人也不多，主体是平民阶层。

我们这个图为什么有重叠？就是表示贱民有可能恢复平民身份，平民也有可能掉下去成为贱民，特权阶层也可能降低身份变成平民，而平民也有可能上升到特权阶层，上升下降的通道有多种。这个才是中国传统法律文化的重大特色。

而如果将19世纪以前的欧洲社会身份结构也做成图表，那就完全是一个间隔分明的图形：

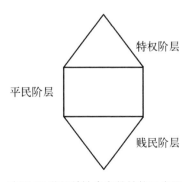

欧洲19世纪前社会身份结构示意图

欧洲在 19 世纪以前，社会阶层分明，贵族永远是贵族，平民永远是平民，异教徒、奴隶构成的贱民阶层也长久存在。唯一的上升通道是通过金钱买得社会身份，比如只有自治工商业城市的市民、经商的商人才有一定的上升空间。

特 权 阶 层

特权阶层，具有法律上高人一等的地位，体现在衣食住行各方面都能够享受普通人所没有的待遇，也不受普通法律的管辖。中国古代的特权阶层，可以分为贵族、官僚、士大夫这样几大集团。

贵　　族

所谓贵族，就是依靠世袭来获得特权地位。我们今天叫"拼爹"，但是毕竟父亲的地位儿子并不能自动获得，至少还是要表现一下，还是要通过一个看起来是公平的选拔，实际上有着优先的机会，得以进入到特权阶层。但世袭就不是这样，哪怕是一个傻瓜，一出生也就获得了特权地位。

贵族在世界各国都主要是两类人：一类是国王的亲属，皇亲国戚；另一类就是帮国王打下天下的功臣。比如欧洲历史上的皇亲国戚封为公爵侯爵，下面的大部分都是帮助国王打天下的人，最基层的是骑士，这些人的长子都能够自动获得父亲的爵位。

贵族有各种各样的特权。比如中国古代法律至晚从曹魏以后就规定,贵族犯罪可以享受"八议",犯轻罪直接就可以减等处罚,犯重罪要经过朝廷最高级官员的慎重讨论,再报皇帝决定如何来处理。"八议"对象包括皇亲国戚、皇帝的故交老友、贤明的大臣、有才能的大臣、有功勋的大臣、三品以上地位显赫的大臣、服务年限很长的大臣、前朝皇族后代等。

但是中国古代的贵族制度是世界上少有的。首先中国古代贵族在秦始皇以后,一般不能垄断政治权力,甚至很少直接参与政治统治。皇帝的亲戚享受荣华富贵,但是没有政治权力,不能参与政治决策,尤其是不能带兵。说起来是为了他们的安全着想,实际上是怕他们拿了枪杆子来夺权。

这和欧洲的情况实在差别太大。欧洲一直到19世纪的时候,贵族天生就是军官,不是贵族没有办法当军官。所以,法国大革命后拿破仑曾说:"每一个士兵的背囊里都有一根元帅的权杖","不想当元帅的士兵不是好士兵"。这些话对于法国士兵来说,激励作用非常大,因为法国大革命以前士兵都是平民,永远当不了军官。而贵族生下来就要当军官,像拿破仑自己,七岁开始就进入到军官小学,小学毕业就进入军校,军校毕业以后就是军官。事实上,欧洲直到20世纪,很多国家的军官主体还是贵族,比如我们看"二战"的时候德国将军冯·古德里安、冯·曼斯坦因,这个"冯"就是一个贵族称号。甚至1944年7月20日刺杀希特勒的斯道芬堡上校,也是世袭伯爵。中国恰恰相反,古代军官都是由士兵升上去的,所谓"行伍出身"就是这种情况。

所以,中国古代贵族不参与政治统治,也不带兵,没有军事权力,这个在世界历史上是非常罕见的现象。

其次,中国古代的大多数朝代,贵族都没有自己直接统治的区域。而欧洲的贵族都自己有个统治区域。侯爵有块侯爵的领地，领地内都是归侯爵管辖，所以，贵族也就是"领主"，一方百姓的生杀大权都操在领主手里。中国古代的贵族说起来也有一块封地，但这块封地他并没有统治权，只是将这块封地的财政收入作为其个人收入。

最后，中国古代的贵族尤其是功臣贵族，帮皇帝打天下的这些人，朝廷的法律往往明文规定，实行减等继承法。老爸是公爵，长子只能得侯爵，侯爵的长子只能得伯爵，伯爵的长子只能得子爵，子爵的长子只能得男爵，男爵的儿子就一爵不爵，一蹶不振，从而沦为平民。五代以后就没有贵族身份了。所以，开国功臣过了几代以后就被淘汰掉，没有办法再形成贵族集团。

官　　僚

官僚是帮助皇帝执掌政治权力、实行统治的特权集团。这在古代世界的其他地方可以说是闻所未闻。

官僚阶层是从战国时代开始形成的，原来是一些读书人、游士，到诸侯国自称如何能干，先试用，后来就做官。有的从办事员开始，逐步往上升，成为官僚。秦汉以后，中国主要的行政事务、政府管理，都是由官员来承担的。

官僚集团内部区分为严格的等级。秦汉时期按照俸禄来分等级，到了后来就分成九品。一般七品是基层政府、基层机关的主管，相当于现在正处，比如管一个县的长官。四到五品相当于今天的厅局级，管理一个部门或一个大的政区。然后是三品及以上，是中央各部门的主管，或者地方最高级别的官员，相当于今天的省部级。三品是一个重要的级别，唐朝规定三品以上可以参与决策，可以做宰相。如果没有到三品，但得到皇帝信任，要任命为代理宰相，参与决策班子，就给一个"同三品中书门下平章事"，视同为三品来参加决策。

官员有政治权力，按照级别有俸禄以及各种待遇。在法律上明文规定了很多的特权。除了上述的"八议"之外，从汉朝开始，所有的官员犯罪，都不能按照法律直接处理，都必须请示皇帝，皇帝下了明确指示，才能办案处理，这个叫"上请"制度。官员触犯一般法条都可以减轻处罚。从南北朝到唐朝、宋朝还有"官当"制度，官员犯了罪可以拿他做过的官、拿他的官品去抵罪。历代法律都有规定，官员还可以拿钱"赎刑"，用钱来抵消刑罚。

士 大 夫

最具中国特色的特权阶层就是士大夫。士大夫是读书人，但读书人不一定是士大夫。所谓士大夫，就是"获得了官员候补资格的读书人"。他自己还不是官，但是有做官资格，这种人被称为士大夫。

这种制度是从汉朝开始的。汉朝的法律明确规定，所有的读书人通过选拔可以做官，可以在地方上做官，也可以由地方政府送到中央去做官。前者叫"察举"，后者叫"辟召"，合称"征辟"。地方长官"察"到本地优秀读书人，就"举"（推荐）为"秀才"或"孝廉"或"贤良"到中央。而由皇帝"征召"到中央去做官，那是非常大的荣誉。

为了"察举"更加公平，曹魏开始就实行"九品中正制"，每个地方设置一个"中正"官,专门负责将本地读书人分成九个等次,地方长官只能从这九个等次中举贤荐能,上等的读书人推荐到中央"举孝廉",中等的读书人被辟召充实本地政府,下等的就不能做官。可是很快开始,凡是父祖做高官的子弟都被评为上等,父祖做小官的子弟被评为中等,平民子弟则只能被评为下等而无法做官。所谓"上品无寒门,下品无势族"。

隋唐进一步将从读书人里选拔官员的制度规格化,就是必须要通过科举考试。通过了科举考试的读书人就具有出任官员的资格,从而形成了一个通过国家考试、具有任官资格的读书人集团,这就是士大夫集团。明朝进一步将科举考试规格化,明确规定只有通过了有严格录取名额限制的"院试"的读书人,才是"生员"(民间称之为"秀才"),才是士大夫、绅士,才具有法律赋予的种种特权。

当然,从我们今天的眼光来看,明朝秀才的这些特权好像意义不大,可是那在古代不得了。比如说"不受体罚",凡是秀才犯罪,不能打屁股,你可以判他徒刑,但是不能体罚。审问的时

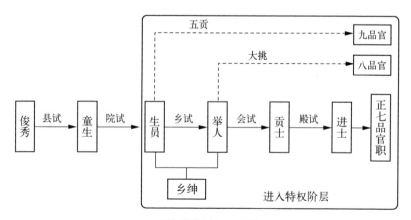

明清科举制度示意图

候也不能使用刑讯，不能打他。除非犯了杀人罪、强盗罪这样严重的罪名，法官也要向省一级的一个专门主管读书人的官员"学道"报批，请求他批准后，才能动用刑讯。而且秀才也不用下跪，一般人犯罪，审案子的时候原告、被告都要跪下，可是秀才不用跪，秀才的膝盖只跪皇帝，只跪孔夫子，对普通长官不下跪。所有的老百姓看到县官出来都要跪着迎接，只有秀才是站着——人家都跪着的时候你能够站着，这就是你的特权。秀才只要拱拱手，叫

《点石斋画报》所绘苏州应考童生大闹街市

声"老师"就可以，不用和其他老百姓一样喊"青天大老爷"。秀才有生活标准，这个生活标准他可以享受，没有钱买不管，国家不配给，但是其他人再有钱也不能享受。比如秀才可以穿长衫，其他人穿了，被秀才看见则要挨打：我好不容易考上了才能穿，你怎么可以穿？一个巴掌过去，"脱下来！"

秀才可以骂人，"王八蛋"等等，我们今天的一些"国骂"都是秀才骂出来的。老百姓不能骂人，法律明确规定，骂人的打十下屁股，被人骂了反过来骂别人的，也要打十下屁股。秀才骂你"王八蛋"，你回他一个"你才王八蛋"，然后两人揪在一起到

县官那里，那个秀才不挨打，要打只能打你。所以，导致一种情况就是只有秀才可以骂别人，别人不能骂秀才。我们今天会想秀才是读书人，是斯文的，怎么会骂人？可在明代老百姓心目中，秀才是有骂人特权的。明代小说《喻世明言》里说："天下只有三般口嘴，极是利害：秀才口，骂遍四方；和尚口，吃遍四方；媒婆口，传遍四方。"

秀才这个特权地位和他的经济地位是完全没有关系的。比如说法律规定只有秀才可以穿靴子，走在路上摇摇摆摆，两只脚成直角地向外伸出，显摆他的那双靴子，横行霸道，其他人不能碰他，碰他就是"唐突秀才"，唐突秀才就要打。为了显示身份，那双靴子一直穿着，又没钱换，十个脚趾头都露在外面他还在穿，秀才聚会时都是破靴，叫"破靴阵"。百姓再有钱只好穿皮鞋，穿双靴子就是"僭越"。甚至于明朝初年曾规定，老百姓穿皮靴要"卸了脚去"，把脚砍掉。

士大夫这种特权阶层是世界上任何一个其他地方都找不到的。世界上很多古代国家都有的一个特权阶层在中国古代却没有，那就是宗教界人士、祭司集团、教会势力，等等，中国古代没有。和尚、道士都没有法律特权，既要遵守教规，更要遵守朝廷的王法。犯了法就要打、要抓。

那么士大夫集团有多大的规模？一个县里有秀才身份的读书人实际上是很少的。三百多年前的明朝末年，像上海这样的县，单县城内就有十万户人。但是上海县的秀才总数也就是三百个人上下。因为录取秀才的"院试"每两年到三年才考一次，一个县能够录取的名额也就十个左右，一个秀才考上后估算他有三十年的预期寿命，整个县里秀才总数也就不会超过三百人。全国一千五百多个县级政区，秀才总数大约四十五万人左右。顾炎武在明朝末年写《生员论》

估算过，说全国大概加起来有五十万秀才。除了考试出身的以外，明朝有时候发生国家财政困难，会允许有钱人拿钱来买一个秀才，这种秀才不占考试秀才的名额，统一算作中央国子监的"监生"，获得士大夫的特权身份。顾炎武说这五十万秀才里面，真正读书的大概连两千人都不到，绝大多数人去考、去买这个秀才身份，只是为了"保身家"，获取这个特权身份，可以保证自己不受别人欺负，不说他可以欺负别人的话，至少别人不敢欺负他。

《点石斋画报》中所绘秀才们到衙门请愿，对长官行拱手礼

平 民 阶 层

在古代任何一个国家，平民阶层都占据社会主体。中国古代平民阶层的社会身份，其最显著的特点，就是划分严密的户籍制度。一般分为三大类，一类为农民，包括地主和农民，都划为农民；一类为工人，手工业工匠；一类为商人。

中国古代以农立国，农民是社会的主体，是人口最多的社会阶层。在古代法律规定的农民户籍里，包括我们今天讲的自己不耕种、不劳而获的地主，包括有土地的农民——自耕农，也包括了没有土地的农民、租种地主土地的佃农，以及给人打长工、短工的雇农。

工人，也就是手工业工匠，被编成特别的户籍，也要为国家无偿服役，建造工程，提供产品。

商人，在很多朝代都被编成特定的户口，有很多歧视性的规定，比如汉朝规定商人不能骑马，不能做官，不能占有土地。晋朝的规定更是莫名其妙，规定商人穿的鞋一只脚黑的，一只脚白的，让大家容易辨认——这样歧视性的规定也有！唐朝则规定，商人和工人都不能参加科举考试。但是到了明朝，这些歧视性的规定都被取消了。

明代《水浒叶子》玉麒麟卢俊义，一个富裕平民

农、工、商是国家主要的剥削对象，都必须要申报户口，按照户口为国家承担各种赋税和徭役。不报户口、不纳税、逃避劳役的，都是犯罪行为。平民也没有迁徙自由，迁徙必须要得到政府批准。

如果是有土地的农民，就必须缴纳土地税，在中国古代这叫"田赋"。申报和登记了户籍，就要按照户籍缴纳人头税，在秦汉时期叫"算赋"，唐代叫"户调"。

对于平民来说，负担最重的，是各种各样的徭役。徭役针对的是户籍中的成年男性。这些徭役分成三大类，第一类是兵役，为国家去当兵；第二类是为国家义务劳动，每年劳动一个月；第三类是职役或差役，就是为当地政府打杂，比如说地方性的工程维修、地方政府的警察、在地方政府衙门里边当差做清洁工之类的，反正地方政府所需要的一切费用和人力，都平摊到当地所有的老百姓的头上。

秦汉的时候，平民负担最重的是兵役，每个男子一生要为国家至少服两年的兵役。以后历经一千多年的演变，到了宋朝才开始取消。从宋朝开始整整一千年，成年男子可以不当兵，"好男不当兵，好铁不打钉"。因为在宋朝当兵，都要在脸上刺一个部队的番号，表示其隶属于某某部队，这样一来逃兵就逃不远，一旦发现就知道是哪个部队的，抓起来押送回去。士兵都是国家花钱雇的，拿了国家的兵饷，给了你的工资，你不去打仗，当逃兵，那还了得吗？但是在脸上刺字，对古代中国人来说非常耻辱，因为它破坏了"身体发肤，受之父母，不敢毁伤"这个最基本的孝道，所以，平民很少有人愿意主动参军。元明清时期，基本采取雇佣兵制度，免除了平民的兵役负担。

中央政府征发的力役，到了隋唐以后也取消了。从隋朝开始，允许老百姓拿钱来顶替所服一个月的劳役，这就是所谓"庸"。唐以后就不再有这个名目了。

宋朝以后，平民最重的负担，就是为地方政府所服的差役，这种差役没完没了，随着地方财政的紧缩而日益加强，引发了大量的社会矛盾。后来明朝末年推行"一条鞭法"，主要就是将这种差役编制为按户口平摊的一种地方人头税"丁银"，地方政府收取了丁银从而解决政府勤杂所需的人力物力。到了清朝，又将丁银平摊到土地税上去，作为土地税的附加税一起征收。这样，悠久的差役从制度上讲就被取消了。

贱 民 阶 层

世界上任何古代国家都有在法律上划分出的贱民阶层。最严重的是将贱民中的一些人视为财产,不作为人看待,或者是剥夺这些人口的大部分人身自由,将之归属于特定的主人。还有就是作为社会歧视的一种,将某些行业的从业者划定为贱民。中国古代法律也是如此。

奴 婢

就法律制度而言,中国古代奴隶制度延续了很长时间。战国和秦代奴隶被称为"臣妾",所有的罪犯都罚做官府奴婢,在官府里面从事勤杂服务的叫"隶臣妾",私人奴隶叫"臣妾"。汉朝开始改称"官奴婢",私人奴隶称"奴婢"。汉朝刑罚制度大改革后,官府奴婢数量才大大减少。

和古代很多国家一样,中国古代的法律上也是将奴婢视为财产。唐朝和宋朝的法律里面都有明确规定,奴婢"视同资财",或者"视同畜产",就跟牛马一样。只有在和主人一起被杀或者在作证的情况下,才可以算是一个人。如果奴婢侵犯平民的话,要加重两等处罚;平民侵犯奴婢,则可以减轻两等处罚。如果主人杀死奴婢的话,最多只是徒一年;而奴隶杀死主人则"皆斩",即全部砍头。明清法律对于奴婢究竟是否为财产,并未给予明确的定义,这个比唐宋的法律有进步。从法律上讲,平民不能蓄奴,家里不能拥有奴婢,只有贵族之家、清朝时的旗人之家,才可以蓄奴。明清律里，主人杀死奴隶没有什么罪责，奴隶杀死主人的就一律要凌迟处死。

和古罗马相比，中国古代法律对奴婢的规定，和罗马帝国晚期的奴隶制度有点像。奴婢可以有自己的家庭，有自己的财产，也可能被解放。只是主人把奴婢解放以后，就有一个规定：奴婢必须要跟从主人的姓。宋太祖赵匡胤对这条规定有所疑虑，曾经问大理寺卿雷德骧：为什么有这样的规定？雷德骧回答说：这是为了防止将来主人的子孙跟奴婢的子孙通婚。两家人隔了几代以后，不知道原本一个是主，一个是奴，如果结婚了，就是对原来主人的冒犯。赐了同姓，同姓就不能结婚。所以，我们现在说同姓五百年前是一家，很可能就是一家，但不是血缘关系上的一家。

明代《水浒叶子》"浪子燕青"，燕青是卢俊义的奴仆，后来殉主而死

从法律角度而言，中国最后消灭奴隶制度，是到了20世纪初，清朝末年实行"新政"，宣布取消法律中有关奴婢的条文。

依 附 人 口

世界各国古代社会，都会有一个庞大的依附人口阶层。这些人具有与主人的人身依附关系，丧失人身自由的身份。但是这些人在法律上不完全算作财产，跟真正的奴隶还是有差别。这些人口的一大来源，就是被解放的前奴隶，仍然依附于主人生活。

中国古代这种依附人口数量也相当庞大。秦汉时的法律规定，凡是被解放的奴婢，在法律上被划为"庶人"。到了唐朝的时候，这种人在法律上被称为"部曲"。按照法律规定，这些人不能离开主人，主人可以买卖部曲，但不叫买卖，而叫"转易"（转让、交易），将之转到其他人家里去。部曲不可以侵犯主人，而主人杀死部曲也不过一个徒刑罪名。部曲如果侵犯平民要加重一等处罚，反过来，平民侵犯部曲则减轻一等处罚。

到了明清的时候，法律上将这类人叫作"雇工人"，听上去应该是雇佣工人的意思，但实际上民间的称呼是"义男""养女"。法律规定，这些人跟其他平民互有侵犯，同样处分。主人杀死他的话，只要判两年徒刑；他杀死主人就要被凌迟处死，和唐朝的部曲一样。

要了解这种雇工人的社会地位，我们可以看看清朝康熙四十九年（1710）的一件出卖雇工人的契约。

"本乡立卖身文书人俞遇体"，俞遇体不是要卖自己，他是主人，他要卖别人。契约也叫卖身文契。"今有义男，年一十四岁"，还是个少年。"丁丑十二月十二日子时生"，为什么要

康熙四十九年一件卖身文书

把义男的生辰八字写得这么清楚？因为买主可能要去算卦，万一他买的这个小孩子跟他的八字相冲，会对他不利，所以一定要把生辰八字写清楚。"原姓江名云"，这个义男原来叫江云，现在不叫江云了，而应该叫俞云，必须跟主人的姓。"今因支给无办"，俞遇体现因缺钱，"自情愿将义男立书出卖与本乡村主"，你看"本乡村主"的"村"字上面空一格，表示尊敬。"姚上卿"，上卿是一个尊称，表示对买主的尊重。"名下为仆"，将义男转到姚家去做仆人。"三面议取身价银三两整"，一个十四岁的男孩，只卖三两银子。"其银当日收足，其男听从买主使用"，银子已经交付了，十四岁的义男就归买主姚上卿来使用了。下面是卖方做的担保："如有来历不明、逃失拐带等情"，如果这个男孩不是我的义男，是我拐骗来的，或者是一个来历不明者，我捡到的，"尽是卖人抵当"，都由我俞遇体来担当，"不涉买主之事"，和买主无关。下面这句话厉害："倘有风烛不常，一听天命"，就是这个男孩倘若将来死在你们家，这是天命，不应予以追究。"恐后无凭，立此卖身文书存照"，我们今天立这个文书作为证据。一个男孩十四岁就用三两银子给卖了，这跟奴隶有什么两样呢？就是因为明清时法律禁止平民蓄奴，所以，民间以这种"义男""养女"的名义进行买卖。

行 业 贱 民

另一种在习俗以及其他方面受到法律歧视的，是被大家看不起的行业的从业者。它们并非法律明文规定的贱民，在法律上还是属于平民，但是遭到习俗上的排斥，很难跨行业婚配，也不能参加科举考试。

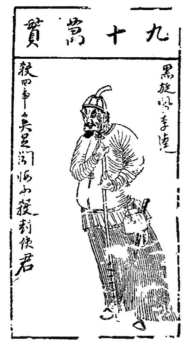

明代《水浒叶子》李逵，李逵是牢子，也就是"禁卒"，列于贱业之末

这种行业贱民在明清时期，被列出来，叫"倡优皂卒"。倡是妓女，优是戏子，皂是衙门里的皂隶，卒是禁卒、看管监狱的牢头。皂卒实际上包括了衙门里所有提供勤杂服务的人，捕快、门子、刽子手、吹鼓手等都算是贱民。

为什么这些行业被列为贱业，从业者在习俗和法律上被认定为贱民？世界上大部分国家的妓女跟演员都曾经是贱民，这还比较常见。事实上，就在莎士比亚时代的英国，演员也是世俗所看不起的行当。但是皂隶、禁卒乃至所有的衙役都被视为贱民，这是中国的特色，在世界上其他地方比较少见。毕竟皂隶、捕快、禁卒等具有今天执法警察性质的工作，怎么会是贱民？而且还被排在妓女和戏子之后。

实际上理由非常简单，因为中国传统文化里最重要的伦理是"孝"，而最基本的孝道，就是《孝经》里说的："身体发肤，受之父母，不敢毁伤，孝之始也。"孝就是从好好保护爱惜父母所给的这个身体开始的，而这些人却拿自己的身体换饭吃，是为不孝。妓女和演员是拿自己的身体换饭吃，这个可以理解，为什么皂卒也是拿身体换饭吃呢？因为明朝法律明文规定，长官对于衙门里的勤杂人员，可以说打就打，说骂就骂，可以随时进行体罚，不需要援引法律，甚至可以"先斩后奏"。因此，所有到衙门里从事勤杂工作的人,被认为是在作践自己的身体,这个行业也就成为贱业,从业者也就被视为贱民。

倡优皂卒遭到习俗排斥,所以,这些行业的从业者只能业内通婚,他们如果娶一个平民女子的话,就属于不正常。这些人也不能参加科举考试,参加科举考试的首要条件,就是"身家清白",这些人被视为贱民,所以不能参加科举考试,必须要脱业三代以后,才可以参加科举考试。

鲜 明 的 特 色

中国古代的身份制度具有极其鲜明的特色,不同于世界上其他的古代国家。

第一,中国古代身份的划分跟其他国家不一样,划分的标准和宗教没有关系,比如说欧洲国家的教徒和异教徒,就是两个完全不同的社会等级,异教徒、犹太人、不信基督耶稣的,就是贱民。但是中国古代没有这种划分,中国古代从来不凭借人们的宗教信仰来划分身份。划分的标准,至少在汉族王朝时期,和种族也没有关系。身份的划分更是和财产完全没有关系。有钱称之为"富",有社会地位才称之为"贵",完全是两个标准。欧洲古罗马时代是依财富来划分社会等级的,骑士阶层就是能买得起马的人,元老就是能够养一支军队的人。中国古代一个穷人可以当士大夫,享有特权,一个很有钱的人,如果是个土财主,长官说打就打,说骂就骂。

第二,更重要的一个特点是允许身份进行合法转换。贱民脱业三代以后可以去考科举,奴隶被解放,三代以后也可以成为平

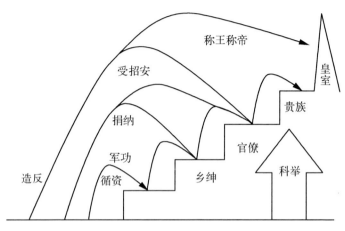

古代身份上升通道示意图

民。平民通过科举考试,可以成为官僚甚至贵族。如果你不通文墨,可以去当兵,一直到清朝末年,军官队伍四分之三还是"行伍出身",是从当兵升上去的。著名的将领,比如宋代的狄青、岳飞,都是从士兵升上去的。在某些情况下,中国社会甚至还承认非法转换身份的可能性,比如"杀人放火受招安"而成为官僚,甚至如《西游记》里孙悟空所说的"太阳瓦面过,皇帝轮流做",就像历史上的刘邦、朱元璋那样通过参与造反登上皇位。

中国传统法律文化允许、认可身份的转换,就是说,这个严格的身份阶梯是死的,但是站在阶梯上的人是可上可下的,这样就导致中国人对于阶梯本身是不是合法、阶梯本身是不是合理没有概念。如果每个人都在固定的阶梯上生存,那么大家会考虑,把这个阶梯拆掉,大家都站在同一个平面上会怎么样。法国大革命爆发时,因为之前法国的贵族制度太可恶了,所以"法律面前人人平等"的口号深入人心,把这个阶梯拆了个干干净净。但是中国古代没有这种意识,因为每个人都有可能改变自己的地位,那干嘛把上升的阶梯拆掉？只要我能够升上去，能够跻身上一个台阶，能够争到一个特权，就能光宗耀祖，何乐而不为呢？

本讲小结

中国传统社会的身份划分有很大的特点，在特权阶层中的贵族基本上被排斥于政治统治之外，在皇帝统领下的官僚集团是主要的政治集团。而具有出任官僚资格的士大夫集团，是特权阶层中最具特色的集团。

体量最为庞大的是平民阶层，其独具的特色是所有的平民都被控制于严格的户籍制度之内，力图使其职业固定化，便于朝廷进行赋税征收和徭役征发。

位于社会最底层的贱民阶层也被划为几个层次，最低的是奴婢，在很长一段时间内被法律视为财产牲畜。明代法律对奴婢有一定的限制，但最后在法律上消除奴婢制度则要到20世纪初叶。在奴婢之上、平民之下的依附人口，秦汉被称为庶人，隋唐被称为部曲，明清被称为雇工人。很长的历史时期里还存在行业贱民，明清民间习俗上和部分法律上遭受歧视的这种行业贱民为"倡优皂卒"，即娱乐行业及衙门勤杂从业者。

中国传统法律身份制度的特点主要是身份的划分与宗教、种族（少数民族王朝统治时期例外）、财富无关，并且在法律上和政治上部分允许身份的合法（甚至非法）转换。

第四讲　人伦之本
——婚姻法律文化

扫一扫
观看本讲视频

人类社会先有男女性别不同,然后男女结成夫妻,有了夫妻才有家庭,有了家庭才有社会,有了社会才有国家,有了国家才有君臣上下。所以,规范起源就开始于夫妻关系。儒家经典《礼记·昏义》就是这样说的:"男女有别而后夫妇有义,夫妇有义而后父子有亲,父子有亲而后君臣有正。故曰:昏礼者,礼之本也。"婚礼是所有"礼"的基础,没有婚礼的话,那些贯彻"礼"的人都不可能存在,更遑论社会国家朝廷。因此,婚礼在很早以前就被认为是最基础、最重要的礼,也就是习惯法的核心内容之一。

婚姻的人类学意义

所有的生物,其宿命就是两个:第一个就是要维持生存,活下去;第二个就是要延续后代,让基因传递下去。因此,求生和求偶是最基本的两种行为模式——生存的模式和繁衍的模式。

人类作为一种复杂的生物,在这最基本的两种行为模式上都与一般的生物不同。我们能够维持自己的生存,需要经历漫长的体力与脑力的生长,古代甚至于要占到预期寿命的一半的时间,经过长时间的成长和学习才能养活自己。而繁衍的行为模式更是人类自己创设的,完全不同于一般的生物。几乎所有的生物,繁衍的行为模式是由它的基因设定的。比如,动物界其他的动物,性成熟以后并不是自动就开始求偶的,而是依靠基因传递下来的一个发情期,只有在这几十天的时间里,动物唯一要做出的行为就是求偶,平时根本想不到。而求偶的方式也是由基因决定的,比如雄性青年梅花鹿就开始好斗成风,平时玩耍的小伙伴,一下子都成了情敌,相互之间拼命攻击,要打到其他所有的青年雄鹿全部战败,留下那一头雄鹿就获得了求偶和交配的唯一权利,开始和母鹿群交配。这样能够把最强壮的基因留下来,有益于整个种群的生存繁衍。

人类却并非如此。人类不是简单地依靠体力,人类的生存竞争更多地取决于智力。人类是两只脚动物,和四脚动物单纯进行体力竞争,一点都占不到什么便宜。人类是依靠智力取胜。但是智力靠打架是打不出来,也不是一两次简单的比试就能测试出来。要保证种群在智力上的不断进化,人类的择偶行为就没有办法像动物那样直截了当。所以,人类在进化的过程中冒了一个很大的风险,就是将动物界最重要的繁衍后代的行为模式,并不写在遗传基因的密码里,而是由人类自己来创设。个体在性成熟以后,就长期具有性行为能力,没有发情期的限制,但是如何择偶、如何保持关系、如何抚养后代,完全靠人类社会自己来创设。由此人类社会形成了多种的婚姻模式,一夫一妻,一夫多妻,一妻多夫,或者像中国一夫一妻多妾制,如此等等。所以,中国古代的儒家称婚姻是人伦之本,真的是非常有道理。

婚姻的基本原则

婚姻制度是人类自创的,那么,我们的祖先在创设中国传统婚姻制度时,他们考虑的重点是什么?这在儒家经典《礼记·昏义》一开头就有说明:"昏礼者,将合二姓之好,上以事宗庙,而下以继后世也。"

"将合二姓之好",将两个家族合在一起,能够因为婚姻关系团结在一起;"上以事宗庙",祭祀祖先神灵;"下以继后世",延续我们的后代,永远可以保证祖先有后代的祭祀。第一个为了两个家族的利益,第二个是为了男家祖先的利益,所以着眼于服务家族利益,这是中国传统婚姻文化的一个根本性特点。双方当事人之间的关系呢?根本就没有提。双方当事人在这里既没有自己的意志表示,也没有双方关系的约定。因此,从传统婚姻的制度设计上讲,是不重视双方当事人的。这个指导思想一直延续到清朝,两千多年没有很大的变化。

在世界其他地方就不是这样。比如两千多年前的欧洲,古罗马的婚姻也是注重家族利益的,但后来在罗马共和国时代,逐步把男女婚姻从两个家族里剥离出来,单纯为一男一女供奉神事与人事的结合。再进一步,到了帝国时代,就单纯化到一男一女永久共同生活。

一夫一妻多妾制

一个男子只有一个妻子,但是可以有很多妾。也就是俗话说的只有一个大老婆,但可以有很多小老婆。这是中国传统婚姻制度的又一个显著特点。有很多人认为,中国这个传统制度,实际上就是一夫多妻制,这完全搞错了。

中国传统婚姻的设计非常精妙,妻与妾是完全两种性质、两个等级,妻、妾之间存在一条巨大的难以逾越的鸿沟。妻子相对于丈夫而言,她是从属性的,是受监护的一方;可是相对于丈夫以外的其他家庭成员,如子女以及所有的奴仆,包括丈夫的那些妾以及妾所生育的子女,妻子又处在与丈夫并列的、主导的、监护人的地位。中国历代法律都明确规定,"称家长者,父母同",父亲、母亲同为家长,是一家并列的家长。

这是中国传统婚姻以及家庭制度的显著特点。世界上很多古代国家,法律上都规定家长权仅属于父亲。比如古罗马的法律规定家长权仅属于父亲,所以,我们翻译为"家父权"。母亲没有独立的家长权,母亲仅对未成年子女有管教的权力,但被认定为是代理父亲的权力,是家父权的代理人。母亲跟子女一样处在父亲的监护之下。所以,等到父亲死了以后,所有的人都从家父权下得到解放,对于已经成年的子女,母亲不再具有监护权。

但在中国古代则不是这样,"天下无不是的父母",父亲去世了,母亲健在,家长仍旧在,所有的孩子对母亲的尊重,就跟对父亲一样。最明显的例子就是《红楼梦》里的贾母,这个老太太仍然掌握着家里的经济命脉,还有私房钱,还有很多大丫头替她管账,凤姐等人只依照她的指示管理大家族事务。整个家族,贾母一句话,几个儿子都要害怕。所有的儿子都要讨她的欢心。贾赦一直觉得老妈喜欢贾政,不喜欢自己,贾母过生日要大家讲故事,贾赦就讲了一个故事说:有一个老妈子生病了心口疼,请个医生来扎针,这个医生啪的一下就从她肩膀上扎了下去,老妈子说不对,你怎么扎偏了?他说,哎呀,天下哪一个父母不是偏心的呢?贾母听了不高兴,说"我要这个医生来扎一针就好了",贾赦赶紧跪下来请罪。贾母的这些儿子都早就成年了,甚至都有孙子了,还是都要拼命想办法拍老太太的马屁。为什么呢?因为她的家长权力仍然在。

"扶正"的谬误

相比之下,妾,也就是小老婆,永远不可能具有家长的地位。有很多人认为,过去小老婆只要讨老公喜欢,大老婆死了,小老婆就可以"扶正",升为大老婆。实际上,这是绝对不可以的。古代法律明确规定,禁止以妾为妻,以妾为妻者杖九十,离异。也就是必须强制离婚。生活中有没有扶正小老婆的?当然会有,但只能是普通百姓家,作为社会的精英层,士大夫、官员绝对不可以,如果认妾为妻,就要遭到舆论的强烈谴责,在士大夫圈子以及官场里遭到排斥。

大家在中学里读过"一根灯芯"的故事,引用《儒林外史》中的一段。有一个严监生临死以前,死不瞑目,就为了家里多点了一根灯芯,费油了。结果是他的小老婆赵氏知道他的心思,给他掐掉一根灯芯,严监生这才一闭眼去了黄泉。这样的吝啬鬼,大家印象很深是吧?但是这个严监生出手大方的时候,中学课本没有讲。小说就在前面一章,讲严监生出手大方得不得了。他找来他的妻子王氏的两个兄弟,都是秀才,三个秀才开会。一碰头,话不多说,严监生先给两个舅子每人一个五十两银子的大元宝。五十两银子可以买整船灯芯、几缸灯油了,他就是这么干脆。然后严监生才跟他们讲：你妹妹嫁到我这里来，也是命不好，一直没有孩子，身体又不好，现在眼看着就要闭眼了，我的小老婆赵氏——就是后来给他掐灭灯芯的那个——倒是给我生了一个儿子。我想你妹妹死后，如果我再去讨一个大老婆来的话，可能对这个小孩子不好。考虑到这个孩子，我想是不是你妹妹去世以后，我把这个赵氏扶正为大老婆？这件事我出头去跟严氏宗族讲，不是很合适，还是要烦请两位兄弟到那个时候帮我出头讲一讲。如果讲得好、成功的话，你妹妹留下的那些金银头面首饰，奉上两位嫂嫂作为纪念。两个秀才白花花的银子拿在手里，高兴了，说：以妾为妻是不可以的，但是母以子贵，赵氏给你生了儿子，说起来也是应该的。于是两个秀才"大义凛然"地去了。过了几天，王氏就去世了，两个秀才果然来参加严氏宗族会议，讲了一通大道理，建议严监生把小老婆赵氏扶正为大老婆。

一个连一根灯芯耗的油都要计较的小气鬼，为什么这次出手这么大方？实际上就是为了扶正小老婆，在向大老婆的两个兄弟行贿。因为这个事情是不好做的，如果没有王氏这两秀才兄弟出面，他自己自说自话"扶正"赵氏，就会被全体秀才指摘为"行为不端"，遭到一致排斥，弄得不巧，秀才们还会排起"破靴阵"到省学道衙门闹事，要黜革他的秀才头衔。

母不一定因子而贵

那么，前面王氏兄弟所说的"母以子贵"，有没有这个道理？因为大老婆无子，小老婆生了儿子，尽管不能赶走大老婆，扶正小老婆，至少有了儿子的小老婆是否地位能高一点？

回答仍然是否定的。古代礼教和法律都规定，妾所生子女，在法律上的母亲，也就是所谓的"嫡母"，恰恰是正妻。妾所生子女在生物学意义上的母亲，只是"生母"，在亲属等级上比"嫡母"要低一级。只不过在称呼上，对于生育有子女的妾，正妻的子女应该称之为"庶母"，但在亲属等级上仅与远房堂兄弟相当。没有生育子女的，仅仅是"父妾"，与所有的子女没有任何亲属关系。

丈夫和正妻，并列为家长。所有的妾处在被家长监护的地位。正妻生育的子女和妾生育的子女，都是兄弟姐妹。但是正妻生育的长子，具有爵位继承权，在唐朝以前的"嫡子"就是指正妻生育的长子。正妻生育的其他儿子也叫庶子。宋元以后才将正妻生育的儿子都叫"嫡子"，妾生育的儿子统称"庶子"。

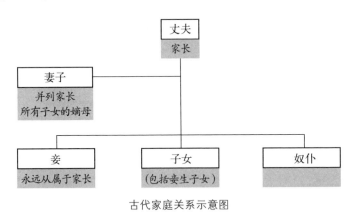

古代家庭关系示意图

《红楼梦》里的赵姨娘，是贾政的妾，替贾政生育了贾环这个儿子，以及探春、惜春两个女儿。但是很明显，她在贾府毫无地位可言，连自己的女儿探春也要顶撞她。

如果丈夫去世，那么所有的妾就归唯一的家长也就是正妻监护，正妻要为丈夫守寡，所有的妾也就必须随着守寡。《金瓶梅》

里在西门庆死后,他的正妻吴月娘甚至可以将西门庆的小老婆潘金莲、春梅都卖掉。

成立婚姻的要件

先讲一下"消极要件",就是不可以结婚的情况。最重要的就是"同姓不婚"。中国古代有一个非常古老的禁忌,早在西周的"礼"中就禁止同姓结婚。据说原因是同姓结婚,"其生不蕃",会导致生育力不强。以后历代法律都规定"同姓不婚",一直要到1907年清朝法律改革才被取消。实际上这个对于汉族人来说是比较困难的,因为汉族的姓氏相当集中,历史记载的出现过的姓大概有七千多个,宋朝人编的《百家姓》里面的姓已经占到了汉族总人口的百分之九十,而前二十个大姓占到了总人口的一半以上。

而"积极要件"的第一条,就是必须要满足婚龄。西周的时候据说男子"冠",也就是二十岁,算是成年,也可以结婚。女子"笄",也就是满十五岁。以后历代的法律规定的婚龄都没有这么

《点石斋画报》所绘童婚场景

高,一般男的十六岁以上,女的十四岁以上就可以成婚。

第二条就是"父母之命、媒妁之言"。提亲、议亲与当事人无关,都应该由家长发动,家长推进,媒人串联,双方当事人是不能碰头的。因为婚姻的目的是为了两大家族的利益,自然是两个家长的谈判。但是双方父母直接碰面的话,就没有回旋的余地,万一谈崩了,伤了双方的面子,因此必须要依靠中介,这个中介就叫媒妁,依靠媒妁传话。像《西厢记》之类的爱情故事,在古代看来都是不合法、不合理的,属于是艳史淫词,所以有"少不读《西厢》,老不读《三国》"的谚语。

结婚的程序

传统婚礼注重程序,最著名的就是西周的"六礼",要经过六个程序,才能完成。

第一步"纳采"。就是提亲,男方家长向女方家长提亲,派媒人过去。"采"就是财,是一个彩头,一个吉祥的东西。一般送一只大雁,因为大雁定时往来,表示有诚信的意思。

第二步"问名"。将媒人带回来的女方的姓名、生辰八字,放在男方的祖先牌位面前供一供,问祖先批准不批准。供过后,卜上一卦,卜出来是"吉",那就表示祖先批准;卜出来"凶",祖先没有批准,这个程序就终止了。

第三步"纳吉"。媒人第二次到女方家,报告男方卜卦结果"吉",男方祖先已经批准你女儿进入他们家庭。也送点小礼物作为纪念。

第四步"纳征",或者叫"纳成",或者叫"纳币"。这是最关键的一步。男方向女方家提供一批财物，我们现在叫"彩礼"，古代一般叫"聘礼"。这一步完成，双方关系就确立了，所以叫"成"。

第五步"请期"。男方派媒人再到女方家，商量什么时候迎接女方正式加入男方家庭。

第六步"亲迎"。这时候双方当事人才登场。男方必须亲自到女方家，将女方接到自己家。而且按照西周的"礼"，迎亲是在黄昏时分进行，所以叫"昏"。

这个"六礼"是西周时候的制度，也就是贵族之间是这样走程序的，一般百姓不会有这么复杂。后世也主要是士大夫之家会讲究这样的礼数，也感觉太复杂。所以到了南宋，理学家朱熹编制了普通士大夫之家应该遵守的《家礼》，元明清时期，就按照这本《文公家礼》所言，以纳采、纳征、亲迎三个环节作为婚礼标准。

法律上的要件

以上的"六礼"和"三礼"程序，并没有成为法律上的要件。西晋以后的历代法律只规定了一个要件：女方只要"纳聘"，接受了男方的聘礼，就标志着双方婚姻关系成立。因为"六礼"和"三礼"都是一个较长时间的程序，没有办法来限定一个时间节点。所以，西晋以后的法律采用了一个简单的、可以操作的节点：只要女方接受了聘礼，双方有反悔的就是犯罪，都要打屁股。男方反悔的，丧失聘礼的索回权；女方反悔的，要加倍返还聘礼。

我们看《红楼梦》里尤三姐的悲剧。尤三姐暗中喜欢柳湘莲,暗恋了他五年。后来贾琏在路上遇见柳湘莲,跟他说了尤三姐的这段情愫。要知道柳湘莲是个戏子,尽管小说里把他写得风流倜傥,但他实际上没有社会地位,听说有一个良家妇女而且是个绝代美女愿意嫁给他,柳湘莲立刻表示愿意下聘。说旅途中只有一对随身的宝剑,是家传的珍宝,于是拿一把宝剑作为聘礼。贾琏把宝剑带给了尤三姐,尤三姐看到宝剑就像看到了玉人,挂在那里,觉得自己终身有靠。可是柳湘莲后来跟贾宝玉碰到,聊天聊起尤三姐,宝玉说尤氏一家我们都很熟的,是宁国府的亲家,我们经常到他们家去玩的。柳湘莲一听脸色变了,说你们宁国府里只有门口两头石头狮子是干净的,言外之意,就是尤三姐原来是你们贾氏子弟玩剩下的。于是他要悔婚,跑到尤氏家里,进门看到尤氏老太太,叫声"伯母",贾琏就觉得奇怪,怎么还叫伯母?聘礼已经接受了,应该叫岳母大人哪!果然柳湘莲说我父母给我定了亲,我不知道,所以只好悔婚,还请允许拿回宝剑。尤三姐在里面听见了,就拿宝剑抹了脖子。

那么,法律上对聘礼有什么要求?按照唐代法律的解释,聘礼只要求是个物件,不能是易耗品、食品,并没有什么具体的要求。当然,《红楼梦》里柳湘莲用宝剑做聘礼,习惯上

古版画《红楼梦》人物——尤三姐

是不会有的,那是凶器,太不吉利了。

那么,聘礼在价值上有没有法律要求?同样也没有。著名的戏曲《荆钗记》,说的是读书人王十朋和钱玉莲的爱情悲剧。王家实在是太穷了,根本不敢到钱家去提亲。钱玉莲的父亲知道女儿的心思,倒过来到王家找王十朋母亲商量。王十朋母亲看家里实在是找不出什么值钱的东西来做聘礼,只好拿了自己头上一根"荆钗"——自己用荆条修剪成的发钗,当作聘礼,钱玉莲父亲拿回去给了女儿。而钱玉莲的后妈给钱玉莲找了个有钱人,送来一根金钗做聘礼,可是钱玉莲只要那根一文钱不值的荆钗。

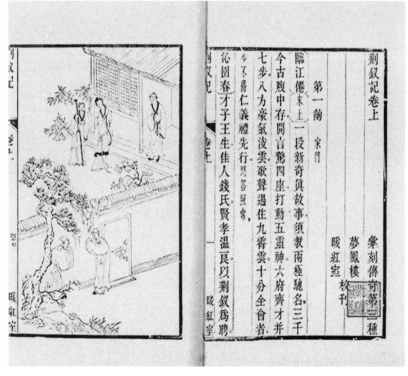

民国刘世珩暖红室汇刻传奇之《荆钗记》

不过在现实生活中，境界高到这样的事例实在是太稀少了。普通家庭总是需要一点实惠的财物。一般来说，聘礼总要有几匹丝绸绢帛、一些首饰，而且总要有一定的现金。这可以在明代小说《型世言》中看到，晚明时期，民间聘礼一般至少要十六两白银，合当时计量正好是一斤白银。如果女方是寡妇，可以打个对折，八两白银。明清时期，白银的购买力相当稳定，一般来说，十六两白银大致相当于一个人一年在外搭伙的伙食费。这就是聘礼的一般价码。

"七出三不去"

讲了结婚，就要讲离婚。传统法律文化有关离婚的制度也是相当有意思。可以分为三大类：男方单方面"休妻"，强制性解除婚姻关系的"义绝"，以及双方"和离"。

男方可以单方面将妻子赶回娘家，结束婚姻关系，这在古代世界非常流行。中国传统法律文化的特色是，男方只能按照七个条件休妻，叫作"七出"或者"七弃"。这七个条件内容如下。

第一个是"不顺父母"，即不听公公婆婆的话，不讨公婆欢心。第二个是"无子"，即没有养儿子，因为古代婚姻的目的就在于"继后世"，所以要赶走妻子。第三个是"淫"，就是跟人发生通奸行为，现在世界上很多国家这仍然是提起单方面离婚的一个理由，但是和中国传统法律文化的出发点不一样，中国传统法律文化认为跟别人发生通奸，那么生的儿子就是杂种，杂种怎么可以祭祀男方的祖先呢？所以一定要赶走。第四个是"妒"，今天我们讲到妒忌，或许不过是一种有点走极端的爱情，古代的这个"妒"可是特指的，就是不允许男方讨小老婆，或者虐待男方的小老婆。男方买妾是为了家族大计，留下更多的儿子，妻子对此不能理解，必须赶走。第五个是"恶疾"，即妻子患有重病。今天从情感和道义来讲，不是更应该照顾妻子吗？可是从"一男一女共同永久生活"的角度来说，一方患有重病，共同生活实现不了，允许离婚，目前很多国家是允许罹患无法治愈的重病是可以离婚的。中国传统法律文化所考虑的不是这样的，患有恶疾就说明妻子身体不洁净，身体不洁净做的祭祀祖先的供品，祖先就无法享受，所以要赶走。第六个是"多言"，话太多怎么就要赶走？一天说话的标准是多少？所以，"多言"实际上是吵架的意思。另一个说法是"口舌"，就是姑嫂之间、妯娌之间吵架，影响到大家庭的和谐。第七个是"盗窃"，这个当然是不好的，需要赶走。

这个"七出"，原来是儒家经典里的说法，但从魏晋时期开始成为男方单方面休妻的法律要件，一直沿用到清末。现在看看这个，实在是太武断了，太随便了。比如"不顺父母"，有的不过是端水给婆婆喝，水有点烫，婆婆不高兴了；也有的不过是侍奉公婆时打了个哈欠、伸了个懒腰，婆婆脸一沉，于是丈夫立刻把妻子赶走。这是历史上真实发生过的事件。

那么，这种高标准、严要求是不是太过分了？也不是，因为还有很多可以变通之处。比如妻子没有生儿子，可是妾生了儿子的，这个儿子的嫡母不是妻子吗？所以就不能凭"无子"来休妻了。另外，原来的儒家礼教，后来也被吸收进法律的，有"七出"的三项限制条件，就叫"三不去"。

第一个"不去"是"有所娶，无所归"。娶妻的时候女方的父母还在，而休妻时女方父母都已经去世，她无家可归了，这就不可以被赶走。第二个"不去",是"与更三年丧",就是公婆都已经去世,妻子与丈夫一起为公婆守丧三年。因为公婆去世的时候是这位媳妇服侍的,最后看到的是她,公婆死后换人换老婆,公婆在天上看了肯定不会高兴。古代的说法叫"亲不闭目",父母在天上永远看着子孙的行为。第三个"不去",是男方"先贫贱,后富贵"。结婚的时候男方很穷,也没有社会地位,后来有钱、有社会地位了,这就不可以休妻,所谓"糟糠之妻不下堂"。所以,陈世美这样的,就不能简单地将秦香莲休弃。

历代法律都规定,妻子有这样"三不去"的情况,丈夫只能以"七出"中的"淫"与"盗窃"为理由休妻,否则要处以刑罚。唐代处以徒刑,明清处以杖刑。

根据"七出"休妻,也要具备一定的形式要件,就是必须由丈夫亲自书写"休书",不识字请人代写的,也一定要盖有丈夫的掌印(也叫"手模",满手掌涂上墨汁盖在文书背面)。

"义 绝"

第二种解除婚姻的情况就是强制离婚,称之为"义绝"。传统观念认为夫妻"义合",是靠"义"这种伦理关系将男女双方结合在一起,"义"如果不存在了,婚姻关系也就断绝了。

什么情况会导致"义绝"?就是夫妻双方对于对方家长有殴打行为或者谋杀行为,有一定暴力侵犯,侵犯了对方的家长,两大家族利益关系已经完全对立,从亲家变成了仇家,那么还要保持什么婚姻关系?本来婚姻关系就是为了家族利益,现在家族利益对立了,夫妻自然需要分离。

如果夫妻双方发生了"义绝"的情形,仍然不愿离婚的,就属于犯罪了,按照唐宋的法律要处以徒二年,按照明清的法律处以杖一百。

我们可以看一个与"义绝"有关的案例。北宋人沈括的《梦溪笔谈》里提到这样一个案件:寿州上报一个案件,有个人杀死了妻子的父母以及兄弟,寿州地方官府破案后,按照法律"杀一家三口非死罪",这个人的行为构成"十恶"

《点石斋画报》所绘理想的家庭场景

中的"不道"重罪,而对不道罪的处置是要连坐罪犯妻子的,因此,寿州地方官府将凶手的妻子也逮捕到案。中央刑部将此案驳回:"法律明明规定,殴打妻子的父母,就构成了义绝,更何况是杀死妻子父母兄弟?在凶手下手之时,他和妻子就处在了义绝的状态,已经不再是夫妇了,怎么还可以连坐妻子来治她的罪呢?"

"和 离"

协议离婚也是古已有之的解除婚姻的方式。古代协议离婚被称为"和离","和"就是"和同",双方和平协商后有了共同的意愿。在敦煌出土的文书中有不少"放妻书",就是这种协议离婚的"样文",用现在的话来说就是协议离婚的"格式合同",说明当时"和离"还是比较普遍的。

我们看一则"放妻书"样文:

乡百姓某专甲放妻书一道

盖须伉俪情深,夫妇义重。幽怀合卺之欢,叹司……牢之乐。夫妻相对,恰似鸳鸯双飞;并首花颜,共生两德之美。恩爱极重,二体一心。死同棺椁于坟下。三载结缘,则夫妇相和;三年有怨,则来作仇隙。今已不和相,是前世冤家;反目生嫌,作为后代增嫉。缘业不通,见此分离,聚会二亲。

夫与妻物色,具各书之,已归。

一别相隔之后,更选重官双职之夫。弄影庭前,美逞琴瑟合韵之态。解缘舍结,更莫相谈。三年衣粮,便畜献柔仪。

伏愿娘子千秋万岁。

时次某年月日

我们可以看到,这个"样文"的文字比较多。最前面一段讲的是离婚的理由。开始先铺陈婚姻应有的理想状态,反正都是文绉绉的好话,写成了骈文格式。从"三载结缘"开始,就是叙述婚姻的现有状况,与理想状态差得比较远,"三年有怨,则来作仇隙",这个是不理想状态,非但不和谐,还有要记仇的裂痕,所以婚姻破裂。如何来证明婚姻破裂,无法维持?很简单,是"前世冤家",因此"缘业不通"。这里使用了佛教的理论,佛教认为一个人的人生就像一个账本,所有积累的东西叫作"业",

前世的"缘"注定今世的"业"。两人前世是冤家,所以不可能在一起。

离婚理由讲完了,下面这第二条最重要:"夫与妻物色,具各书之,已归。"就是双方的财产都已经列出清单,分割完毕。因为是"样文",就这样提一笔,真实的"放妻书",应该会有具体的财产清单。在唐朝的时候,女方提出离婚的话,仍然可以带走全部嫁妆。但是到了元朝以后就不可以,提出离婚的,嫁妆要留在男方家里,成为男方财产。

我们现在的协议离婚文书,写到这里就结束了,可是在所有敦煌出土的这类"放妻书"样文里,几乎都包含了第三个重要的内容:男方对于女方离婚后的祝福。"一别相隔之后",男方祝愿女方"更选重官双职之夫",就是祝愿女方找到一个双肩挑的干部,有两个官衔,拿两份俸禄。而且还祝愿女方再婚后的生活美满幸福,与新任很要好、很和谐。并大度地表示,我就不来打扰你了,你在我家的那些伙食费,我也不问你要了。最后还要祝愿"娘子千秋万岁"。

从这些文书来看,唐朝那个时候妇女的地位绝对比我们想象的要高。不过从宋朝开始就没有像这样男方非常大度的"放妻书",甚至明明是协议离婚的,也要模仿单方面解除婚约"七

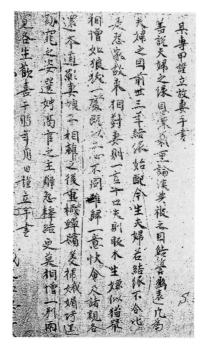

敦煌出土的"某专甲谨立放妻手书"一通

出"的形式，写成"休书"。比如元代戏文《白兔记》，刘知远被妻兄妻嫂逼迫与妻子离婚，写的却是"休书"：

> 大晋国沙陀村住刘智远，只因身伴无依，每日在沙陀村里放刁，勒要李太公女儿成亲。成亲之后，不合拜死丈人丈母，情知有罪。养赡妻子不活，情愿弃离妻子前去，并无亲人逼勒，各无番悔。如先悔者，甘罚花银若干若干。若干年月日时。

后面又有"休书要五指着实"的对白，也就是要在"休书"上打上掌印的意思。

传统婚姻制度的特点

中国传统法律文化中的婚姻制度，第一个重要的特点，就是在婚姻关系的缔结、维持，甚至是解除过程中，都贯彻了家族利益至上的原则。双方当事人的关系，即夫妻关系是被淡化处理的。从道义上讲，夫妻要和谐生活，白头到老，但这并非是法律的明确规定。夫妻双方各有哪些具体的权利义务，法律一概不提。

第二个重要的特点，就是一夫一妻多妾制。这是极具中国特色的婚姻制度，它突出了正妻的法律地位，来防止家庭内部因为妻妾地位的争夺引发家庭矛盾的可能性，同时又满足了尽可能多延续后代的设置婚姻关系的要求。这样既满足了家族延续的要求，又考虑到家庭关系的和谐。达到和谐的办法就是树立权威，树立起嫡母的权威，奠定正妻在家族中并列家长的地位。

　　第三个特点，可能是很多人都没有注意到的，就是传统法律文化中的这个婚姻制度，特意回避了财产方面的具体规范，有意含糊处理。比如妻子的嫁妆，历代的法律规定都不是很明确，妻子是不是保留有嫁妆的所有权，法律上不予明确。唐朝的法律曾规定，妻子的嫁妆可以作为独立财产，离婚的时候可以由女方带走。但是到了宋朝以后，法律不再有明文规定。在夫妻财产关系上，一般来说妻子嫁过去以后，其嫁妆就被加入到男方财产集团里去，在妻子去世时，并不发生单独的继承行为，由男方、由她的子女集体继承。这个和欧洲的传统大相径庭。我们来看一下下面这幅欧洲中世纪时的婚礼图画，在左侧里有一个公证人，正在那里快速记录双方的财产清单。女方的嫁妆算是委托丈夫理财，但保留有所有权，所以一定要开列清单，记录在案。

欧洲中世纪婚礼场面，左侧的公证人在记录

本讲小结

　　中国传统法律文化中的婚姻制度,很早就被确定为一夫一妻多妾制,贯彻以家族利益为重的原则,而夫妻双方的权利义务尤其是财产关系则有意进行模糊处理,不以法律进行明确地规范。

　　在婚姻的缔结中,长久以来一直贯彻"同姓不婚"原则。在礼教伦理上,婚姻的缔结注重程序,有"六礼"以及宋以后的"三礼"程序。而在法律上,则以女方接受男方聘礼作为婚姻关系开始的标志。

　　在婚姻的解除上,传统法律允许男方单方面根据"七出三不去"的要件弃妻,以及在法律上设定强制离婚的"义绝",同时也允许双方协议解除婚姻的"和离"。

第五讲　血缘划出的圆圈
——亲属制度

扫一扫
观看本讲视频

中国法律文化一个重要的内容，就是亲属法律制度。任何人都有血缘亲属关系，我们不是像孙悟空那样从石头里蹦出来的，我们都有父母，父母又有他们的父母，又有他们的兄弟姐妹，我们也有兄弟姐妹。我们和有血缘关系的人就组成了我们的亲属关系网络。在一个池塘里扔一块石头，水面就会有一圈一圈的涟漪荡漾开去，我们的亲属关系也是这样，人类很早就用法律来确定这一圈一圈涟漪的范围，哪一圈是法定亲属边界，哪一圈属于哪一层亲属的等级，然后发生特定的权利义务关系。

社会细胞的形成

我们先来看看亲属关系的一些称呼。

首先看这个"父"字。一个家庭的组成首先是父亲。父亲表现为文字，在甲骨文、金文、篆文都差不多，都是一只手，一只右手，拿了一根棍子。这个字形一直保留下来，到楷书才演变为今天这个"父"字，但是可以看出这个字的演变轨迹。

"父"字的演变

* 甲骨文：又 + 丨 = 父
* 金文：
* 篆文：
* 《说文解字》：父，矩也。家长率教者。从又举杖。

那么，为什么用这样的字形表示父亲呢？中国第一本字典《说文解字》解释说："父，矩也，家长率教者。从又举杖。"父是"矩"，矩的原意是直尺，引申为规矩。父亲就是定规矩的人，是家长，率领并教诲家人的人。从又，就说明是属于右手这个部首。右手，在世界各个古代文明中，都是代表力量、正确。杖，就是木棒，人类最早的工具和武器，世界各个古代文明都用杖来象征权力，所以叫"权杖"。

"父"就是家长，同这个字形极其相像的就是"君"字。

"君"字的演变

* 甲骨文：又 + 口 = 君
* 金文：
* 篆文：
* 《说文解字》：君，尊也。从尹，发号，故从口。

一个社会的首领，和家庭的首领——家长明显是同源的，都是一只手拿了个权杖，只不过"君"加了一张嘴巴，表示可以发号施令。《说文解字》解释说："君，尊也。从尹，发号，故从口。"君就是必须得到尊敬的人,"发号"——有权发布命令的人。所以从这个字形来说,"君"和"父"实际是一样的,家长跟社会首领是一个概念,君主是全国的家长,家长是家里的君主。这在世界古代国家差不多都是这样的,因为人类社会早期需要有发号施令、指挥大家抵御各种侵袭的人。发号施令的人为了引起大家的注意,总要拿一个东西表示他的指挥权力,这个东西就是权杖。

然后我们看"家"这个字。

"家"字的演变

* 甲骨文:冂 + 豕 = 家 家
* 金文:家
* 篆文:家
* 《说文解字》:家,居也。从宀,豭省声。家,古文家。

"家"这个字上面是一个屋顶,下面是一头猪。有个屋顶可以遮风避雨,豢养家畜,这就是家,我们居住的地方。《说文解字》解释"家,居也",就是这个意思。

我们都知道古代有氏族社会,氏族的"氏"字,在甲骨文里是这样写的,它是一个象形字,像一个人匍匐在地上,表示遵从的意思。到了金文里,为了表示出他两只手是撑在地上的,在这个手上面加一个点。到了篆文里,这个"氏"字已经和原来字形有些不一样了。所以,"氏"就是服从权威的意思。

"氏"字的演变

* 甲骨文：𝑓 → 𝑓
* 金文：𝑓
* 篆文：氏
* 服从，跟随，效忠

那么，氏族的"族"字呢？我们看甲骨文里，"族"字的最左边原来是一个挥动的旗帜，加上当中那个箭镞也就是箭头，然后再加上一张嘴，合在一起就表示为"族"。也就是说，"族"字的原来意思是出去打猎的时候，指挥大家进行围猎的人。后来到金文里就把这个口拿掉了，就变成了下面这个字；到了篆文里，这个字就和我们今天的字形比较像了。

"族"字的演变

* 甲骨文：𝑓 + 矢 + 口 = 族
* 金文：族
* 篆文：族
* 《说文解字》：族，矢锋也。束之族族也。从㫃从矢。

所以，《说文解字》解释说，"族"就是"矢锋"，即箭镞的锋刃，是打仗和打猎时的箭头，"束之族族也"，就是很多箭镞绑在一起，寓意很多人参与的打仗或者打猎活动。

我们列举了父、家、氏、族这些字的古文字形，大家会发现，实际上这些字形与血缘是没有关系的。所谓血缘关系组成最早的社会细胞的说法，是值得怀疑的。社会细胞并不一定就是天生地从血缘关系开始的。人类早期共同生活的群体，并不完全依靠血缘组织起来，家长、氏族、国君，都是在权力指挥下的人群。有着固定的指挥权的一群人，组成了早期的社会细胞。在这些社会细胞里，决定性的纽带因素并不仅仅是血缘关系，还包括了俘虏、收养的儿童，等等，只要服从家长的权威，服从氏族首领的权威，就形成一个群体，形成一个社会细胞。

血 缘 的 纽 带

作为早期人类社会细胞的小型组织，哪些是体现血缘关系的因素呢？从中国的古文字里，我们可以找到例证，那就是"姓"这个字。

"姓"字的演变

* 甲骨文： ![] + ![] = ![]
* 金文： ![]
* 篆体： ![]
* 《说文解字》：姓，人所生也。古之神圣母，感天而生子，故称天子。从女，从生，生亦声。

在甲骨文里，"姓"这个字由左右两个部分组成。右边是一个女字，代表女人；左边则是会意字，地上生出来的小草，表示出生的意思。由一个女性生育的后代，被称为"姓"。所以，

"姓"是古代表示血缘关系的符号。母系氏族社会时期,"只知其母,不知其父",同母所生的组成一个血缘亲戚群体。

上文讲到了"氏""族"并不一定由血缘来组成,只有这个"姓"是由血缘组成的,所以,中国古代的"姓"是指一个以母系来计算世代、来分清亲属的群体。今天我们称之为"母系氏族"。不过要注意的是,母系氏族只是计算和划分血缘亲属关系,整个氏族群体的权力并不因此由母亲来掌握。家由家长来掌握,氏族也由男性来掌握,但是成员的亲属以及世代则以母系来计算。

"只知其母,不知其父"的原始社会过去后,家、氏、族就和姓一样,都仅仅表示血缘关系了,原来的字义都被逐渐淡化和遗忘了。

九 族 与 五 服

春秋战国以后,"氏""族""姓"都可以连用为氏族、姓氏、族姓,都表示血缘关系了。人们的亲属关系就以族来概括。一个人的所有亲属总称"九族"。三表示多,三的平方九就表示极多,可见九族原来只是一个统称。后来儒家的经典逐渐厘定了九族的边界,父系的直系血亲,从己身往上数,一直数到上面的第四代高祖;再从己身往下数,一直数到下面的第四代玄孙,再加己身这一代,正好是九代。凡是这个父系直系九代所繁衍出去的所有的旁系血亲,都构成己身的亲属,这个就叫"九族"。

这套理论,原来只是儒家学说所提倡的。秦汉时有关亲属的法律制度,是将"族"作为一个核心家庭的概念来运用,比如"族诛",就是将一个核心家庭,夫妻配偶及其子女全部杀光的意思。但是到了西晋,官方正式将儒家的这套亲属关系的学说吸收为法律，后来被国家法律所吸纳。

按照西晋以后的法律，亲属分为宗亲、外亲、姻亲三大类。宗亲就是父系亲属，外亲就是母系亲属，姻亲就是因为婚姻关系而形成的亲属。其中姻亲基本上是没有法律意义的，法律上对姻亲的规定很少。宗亲和外亲，法律上分成严格的等级。这个亲属等级的划分与称呼，很有中国特色，就是当亲属去世的时候，要为他穿什么样的丧服，以表示跟他处在哪一个亲属的等级。因为是以丧服来作标志的，所以这种表示亲属范围与亲属关系亲疏远近的制度就称为"服制"，一共分成五个等级，所以也叫"五服"。

第一个，也是最重的亲属等级叫"斩衰（cuī）"亲。衰，就是生麻布片，用生麻布片做的丧服；斩，就是指这个丧服是不卷衣边的，布料的经线头全都暴露在外。这个等级的亲属只有父母，

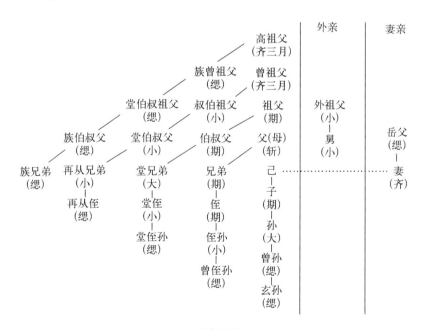

五服亲等图

甚至原来母亲都不是，只有父亲，明代以后的法律才把母亲也作为斩衰亲。斩衰亲的丧服要穿三年。

第二个等级的亲属叫"齐（zī）衰"亲。"齐"就是表示这个麻布片丧服是卷衣边的。齐衰亲也叫"期（jī）亲"，丧服穿两年，实际上到第二年年头就行。第二年，在古代称"期"，所以也叫期亲。这个等级的亲属很多，包括直系的祖父、曾祖父、高祖父，以及同祖、同父的旁系亲属，主要有伯父、叔父、未出嫁的姑母、自己的兄弟以及未出嫁的姐妹。期亲构成法律意义上的最近亲。

斩衰三年

第三个等级的亲属叫"大功"亲。"大"就是粗的意思，"功"是指纺织物的纱线密度。原来是指粗疏的熟麻布做的丧服。它包括的亲属很多，大致而言，就是同三代祖、与己身同祖父的所有平辈的兄弟姐妹，一般叫堂兄弟姐妹。服丧九个月。法律上大功亲构成近亲的范围。

第四个等级的亲属叫"小功"亲。"小"是细密的意思，就是用比较细密的熟麻布做的丧服，服丧六个月。小功亲的范围很广，大致来说，就是同四代祖、同曾祖父所出的全部旁系的平辈兄弟姐妹，也叫再从兄弟姐妹。

第五个等级的亲属叫"缌（sī）麻"亲。缌麻，就是细麻布做的丧服，服丧三个月。缌麻亲的范围就是同高祖父所出的平辈兄弟姐妹，也叫族兄弟姐妹。这是法律上的远亲。

母系亲属的"外亲"不管实际上如何关系亲密,在法律上仅仅构成远亲范围。外公外婆仅仅是小功亲,舅舅、姨妈仅仅是缌麻亲。其他的都是"无服亲",就是这些亲属去世的话,不用穿着丧服服丧,也没有法律后果。

很明显,中国传统法律确定的亲属圆圈,是个偏心圆圈,完全偏向于父亲一边。这和欧洲罗马帝国晚期以及中世纪的制度不一样。我们看捷克教育学家夸美纽斯在17世纪写的一本儿童绘本里对亲属关系的介绍:

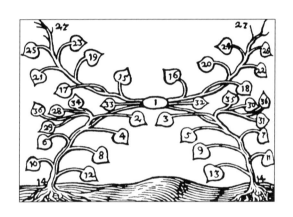

这张图用植物的茎叶来表示亲属关系,1就是己身,2、3就是父母,4、5就是祖父母、外祖父母,完全都是平等的,亲属等级相同。是一个轴对称的布局。

锁链和庇护

法律划定明确的亲属等级,当然是为了产生法律的后果。首先就是刑法上的效力:缘坐,一种连带处罚的锁链。如果反对皇帝，犯下谋反大逆的罪行，所有的亲属全部受牵连。唐朝法律规定，罪犯大功亲以内所有的亲属全部流放，期亲以内所有十六岁以上的男性亲属全部砍头，不满十六岁的男性以及女性为官奴婢。明清法律进一步加重，谋反大逆罪犯的大功亲以内，所有年满十六岁以上的男性亲属全部砍头，未满十六岁男性以及女性全部没官为官奴婢。

相反，亲属法律关系又给人一个安全网，亲属有一个容隐的范围，大功亲以内所有的亲属都可以互相隐瞒罪行，除了反对皇帝的谋反大逆及谋叛以外，其他所有的犯罪行为，即使是强盗、杀人，都可以隐瞒包庇。比如堂兄弟杀了人，不敢回家，跑到你家里来，你帮助销毁凶器和罪证，资助他逃走，法律都不追究。

又比如说舅父舅母、表兄弟和你住一起，同居共食。你也可以一样包庇隐瞒他们的罪行。如果兄弟杀人，你不隐瞒而去告发，就等于是你的兄弟自首，可以减刑。但是父母犯罪儿子去"大义灭亲"地告发，只要不是谋反大逆谋叛这"三谋"之罪，按照唐朝的法律，儿子是为不孝，先行处绞刑，再追究父母之罪。明清法律改为先判处儿子三年徒刑。

另外，如果亲属之间互相发生身体伤害的，严格按照亲疏、尊卑、长幼的关系来进行处罚。一般来说，侵犯行为，由疏至亲

《点石斋画报》所绘"同室操戈"

逐级加重处罚。比如侵犯一个缌麻亲的大哥，一个远方堂兄，要加重一等。侵犯小功亲堂哥，加重两等。侵犯大功亲堂兄，加重三等。如果是侵犯期亲尊长，比如打伤小叔叔或自己的亲大哥，就构成"十恶"大罪中的恶逆罪，那在唐宋要砍头，在明清要被凌迟处死。父母更是不能碰，一碰就是凌迟处死。但是父母打儿子不构成犯罪，无缘无故就把儿子活活打死，父母也要承担刑事责任，判一年半徒刑。伯伯、叔叔教训侄子，失手把侄子打死了，也不过一年徒刑，无缘无故把侄子打死，也只有三年徒刑。

相反，如果是亲属之间的财产侵害，定罪量刑原则又相反。偷一个缌麻亲堂兄弟的钱，比照一般的盗窃行为减轻一等，小功亲减轻两等，大功亲减轻三等，偷期亲以上，偷伯伯、叔叔、姑姑、父亲、母亲、祖父的钱，无罪，不予处罚。这反映了中国传统法律的重点不是保护财产关系，重点保护的是伦理关系。对亲属进行身体侵害，这是一个伦理行为；侵害财产，则和伦常无关。

先买与回避、任子

除了上述的刑事法律外，在民事领域，也有一些要根据法定的五服亲属等级来确定权利义务的内容。比如，很早以前，出卖不动产，也就是土地住宅的时候，首先要征询亲属的购买意向，亲属不愿意收买的，才能卖给外姓。这种亲属的先买权，在法律上设定为"先问亲邻"的程序。宋元时期法律严格规定了征询亲属购买意向的顺序，必须按照五服由亲至疏逐等征询。一直到明清法律才取消。但在民间习惯上，在出卖田房的契约样本上总是还写上"投请房族，无人承买"的字样。

古代在行政制度上也有很多依据亲属而设立的规定，比如户籍制度，人人都必须要申报户口，申报了户籍的人，当了官以后任职就必须要回避户籍所在地。明清的时候明确官员必须要回避本省。

官职是不能继承的，但从很早以前，至少从汉代开始，就允许二千石以上的官员可以有一个儿子获得做官的资格，这被称为"任子"。这个制度在唐朝还有，但到了明清时期就被取消了，只有为朝廷做出贡献、因为种种原因殉职的人，经过皇帝批准，才可以有一个儿子获得监生的头衔，这叫"恩荫"。得到监生头衔只是进入特权阶层，还要进一步参加科举考试，才有一个做官的机会。

宗 族 制 度

中国亲属关系里还值得注意的是，基于亲属关系而形成的社会团体，也就是宗族组织。宗族是一种社会团体，是由同宗、同姓家庭组成的社会团体。它并不是简单地由一个家庭扩大而成的家族，它是由每一个认为同祖宗的独立生活的小家庭组成的社会团体。实际上它发挥的不是亲属作用，而是社会作用。

宋代以前的"宗族"，确实是指由一个核心家庭的家长所统领的各等级亲属的组织，相当于一个扩大的大家庭。但自北宋范仲淹创立"范氏义庄"以后，我们所说的宗族，已经是拥有自己的独立资产，与今天法律中"法人"单位相当的社会团体。

宋朝范仲淹以后的宗族，基本结构是这样的：某一姓氏的人组织起来，追认自己的共同祖先，修订宗族的谱牒、家谱，从共同祖先以下各个分支排列出辈分。一般是一首二十字的诗，哪一辈分是诗中第几个字,名字里必须要包含这个字。也有的是列出一个口诀,哪一辈分由名字中某个字的偏旁来决定,要取什么样的名字,必须包含一个什么偏旁。然后要定期祭祀祖先,一般春秋两祭。祖先的牌位供在专门建立的祠堂里,祭祖仪式和宗族会议都在祠堂里举行。然后制定家法族规,规定本族人的基本行为准则。

建造祠堂、祭祀祖先,都要有经费,所以,这种社会团体最关键的是拥有自身的财产,统称为"族产",一般名称有"义庄""祀田""祀产",等等。这个独立的财产不能够被宗族所有的人平均分配掉,它并非所有族人的共同财产。这笔财产由族内一些家庭捐赠,但捐出来以后就不是家庭财产,本家的子弟就不能分割继承,也不能收回。范仲淹是母亲守寡把他拉扯大的,他做了官有了钱以后,觉得家族之间应该有互相救济的机制,于是拿出自己结余的俸禄,在家乡(江苏苏州)买了八百亩土地,设立为"范氏义庄",并详细编写了《范氏义庄规则》,明确这笔财产自己的子弟不可继承,不可分割,土地必须全部出租给外姓人耕种,本姓不得占有。收取的地租全部归义庄所有,用作祭祀、教育、救济等宗族的活动开销。所以就族产而言,与今天的基金会相似。

范仲淹设计的这个《范氏义庄规则》,很快得到普及,达官贵人纷纷为自己本姓宗族设立族产,组织宗族团体。朝廷也给予免除地方摊派

范仲淹像

湖南韶山毛氏宗祠

的优惠政策。宗族组织很快遍布中国。

族产的救济用途,是让本族生活困难的,比如有重病的家庭、办丧事的家庭、寡妇鳏夫养老、婚娶大事等都能得到救急费用。而祭祀祖先时至少杀一头猪,供奉完以后全体族人可以分房享用那块"胙肉",族内的穷人大概一年里就只有这样的机会吃肉食。这些都大大增强了宗族的凝聚力。

对于宗族更有意义的是教育。族产的收益拿来办教育,办私塾,教育本族下一代。其中有出息的,要出去参加科举考试,报名费、差旅费等宗族也予以补贴。古代受教育的目的就是要改变社会地位,要去做官。做官以后想起宗族给的好处,于是也要回报,像范仲淹那样捐助族产。从这个角度讲,族产捐助可以视为宗族的一种教育投资。

细密的等级

中国传统亲属法的基本特点表现为以下四个方面。

首先，亲属范围集中于父系，划分非常细密，延伸到九代。而对于母系明显忽略。这种偏心的以父系亲属为主的划分，也是世界上很多古代国家法律的共性，中国传统法律并不算很突出。

其次，亲属的等级划分非常细致。我们这个五服制度的五个等级划分非常细致，而且法律后果非常严重，差一个亲属等级法律后果就不一样。比如容隐，在大功亲以内就不受任何处罚，但是如果出了一层变成小功亲，还是要受包庇罪的处罚，只是可以减等。这种亲属等级细致到就是古代的法官也不一定能够全部搞清楚，因此宋元开始，法典的前面要有《服制图》，把哪一个等级、一般老百姓当中称谓是什么都要列出来，便于法官查找。

大多数古代国家的法律在亲属关系上一般只是划分亲疏、辈分，但在中国传统法律文化里，同一等级亲属里面还有长幼之别，所以，可以说是一个三维结构。如果设 X 轴横轴是亲疏，Y 轴纵轴是辈分，那么中国古代法律还强调第三根 Z 轴，即同一亲属等级、同一辈分，长和幼的法律地位就完全不一样。比如说兄弟姐妹，都是期亲，但是哥哥就是期亲长，弟弟是期亲幼，以长犯幼，处罚就可以减轻，以幼犯长，处罚就要加重。哪怕是双胞胎，老大、老二只差几分钟，但是老大和老二的长幼名分就完全不一样。

而且实际上在亲疏这根 X 轴上，也划分得非常细密。汉语里面保持着全世界最复杂的亲属称谓。比如，与父亲、母亲同一辈分的，父系亲属和母系亲属的称呼完全不一样，父系的兄弟姐

				高祖 父母 齐衰 三月				
			曾祖姑 出嫁无服 / 在室缌麻	曾祖 父母 齐衰 五月	曾伯祖 叔祖 父母 缌麻			
		从祖姑 出嫁无服 / 在室缌麻	祖姑 出嫁缌麻 / 在室小功	祖父母 齐衰杖期	伯叔 祖父母 小功	从伯叔 祖父母 缌麻		
	从堂姑 出嫁无服 / 在室缌麻	堂姑 出嫁缌麻 / 在室小功	姑 出嫁大功 / 在室期年	父 斩衰 母 三年	伯叔父母 期年	堂伯叔 父母 小功	从堂伯叔 父母 缌麻	
族姊妹 出嫁无服 / 在室缌麻	从堂姊妹 缌麻	堂姊妹 小功	姊妹 大功	己 身	兄弟 期年 / 兄弟妻 小功	堂兄弟 大功 堂兄弟妻 小功	从堂兄弟 小功 从堂兄弟妻 缌麻	族兄弟 缌麻 / 族兄弟妻 无服
	从堂侄女 出嫁无服 / 在室缌麻	堂侄女 出嫁小功 / 在室大功	侄女 出嫁大功 / 在室期年	众子妇 大功 长子妇 期年	众子 期年 长子 期年	侄 期年 侄妇 小功	堂侄 小功 堂侄妇 缌麻	从堂侄 缌麻 从堂侄妇 无服
		堂侄孙女 出嫁无服 / 在室小功	侄孙女 出嫁小功 / 在室大功	众孙妇 缌麻 嫡孙妇 期年	众孙 大功 嫡孙 期年	侄孙 小功 侄孙妇 缌麻	堂侄孙 缌麻 堂侄孙妇 无服	
			曾侄孙女 出嫁无服 / 在室缌麻	曾孙妇 无服	曾孙 缌麻	曾侄孙 缌麻 曾侄孙妇 无服		
				玄孙妇 无服	玄孙 缌麻			

凡姑姊妹女及孙女在室者出而归宗或已嫁而被出与子同为不杖期及子侄妹皆为服不杖期姊妹夫男被出归者服同

凡嫡孙父卒为祖父承重斩衰三年父母承重服曾祖高祖亦同

凡男为人后者本生父母皆降服一等不杖期生父母亦降报服同

凡同五世祖免亲属缌麻遇外丧葬则为祖素服免亲服头缠麻布尺在葬则为头服尺布

本宗九族五服正服之图

妹称伯、叔、姑,母亲的兄弟姐妹称舅、姨。前者是最近亲,后者是最远亲。还有表兄弟姐妹,也分为两大类,一类是舅表和姨表,也叫外表亲;另一类,是姑姑的孩子,叫姑表亲,也叫中表亲。法律上亲属等级又不同,姑姑出嫁以后,亲等降低一级为大功尊亲,她的孩子再降低一个等级,变成小功亲。而外表亲,即舅姨表亲,只是"无服亲"。所以,中表亲、外表亲的法律关系完全不同。

那么，表兄弟姐妹能不能通婚？原来法律并不禁止，但是从明朝开始，法律就规定，无论中表亲、外表亲，都不得通婚。表亲结婚的，处罚主婚人杖六十，离异（强制离婚）。可是《红楼梦》里贾宝玉和林黛玉就是姑表亲，和薛宝钗是姨表亲，难道说都不能结婚吗？我们看比《红楼梦》更早的《聊斋志异》里面的一个故事，也是表兄妹要结婚，但是父亲不同意，理由就是法律禁止表兄妹结婚。这个法律确实是明朝朱元璋规定的，在这之前法律都允许表兄妹结婚，当时就有人跟朱元璋提出，历史上都允许表兄妹结婚，请修改这条法律。朱元璋说你说得对，但他就是不改。因此，明朝法律是禁止表兄妹结婚的。清朝入关之初也沿袭了明朝的法律。后来是雍正皇帝，他觉得这个没有必要，给老百姓的生活找麻烦，民间实际上表兄妹结婚的太普遍了，如果禁止还会给小人告发别人、敲诈勒索创造机会，反而导致社会不安定。于是在雍正八年（1730）正式下令，表兄妹禁止通婚的法律规定虽不废除，但是"弛禁"，就是不必追究。蒲松龄写《聊斋志异》的时候是在康熙年间，那个时候法律还是禁止表兄妹结婚的。到了曹雪芹写《红楼梦》，已经是雍正、乾隆年间，法律上已经开禁了，所以，《红楼梦》写表兄妹结婚就毫无顾忌，是合法的婚姻了。

相对性和非功利性

中国传统亲属法的第三个特点，是它有着很强的相对性。比如说最突出的就是家长权力，很多古代国家直接规定家长权仅仅属于父亲，所以称之为"家父权"。可是中国历代法律都明文规定，凡是法律上提到的家长，"父母同"，父亲和母亲同为家长。

那么，这样的家庭双家长制下，什么情况下听父亲、什么情况下听母亲，法律从不明确。亲属关系也是充满相对性，一般来说兄姐属于卑幼，可是对于弟妹来说又处在尊长的位置，而且法律后果完全不一样。一切都要看相对的位置。

第四个特点，也是一个最大的特点，就是中国传统的亲属法里，对于财产关系很少有明确的划分。比如家庭中，儿子应该得到多少抚养、抚养的序列如何，父母应该得到多少赡养、赡养费用怎么来承担，也没有明确的赡养序列。所以在传统中国法律文化里，家庭关系里有关财产方面的内容非常含糊。远亲之间的盗窃罪是可以减轻，甚至免除处罚的。到了期亲范围内，盗窃连罪名都没有了。

这个特点不能认为是一种立法上的疏忽，而是要从立法指导思想上来看。按照作为历代立法指导思想的儒家理论，家族内部最好是财产共有，所谓"同居共财"，不要突出个人的财产，每个家庭成员不应该有私人财产。一切财产由家长控制，一个家庭里面要均贫富，同祖同宗的家族应该互相接济。如果有一个亲人都饿得受不了要去偷东西，就说明家长或者其他的家庭平时对他抚养得不够。从这个角度考虑，亲属之间的偷盗自然是无罪或要减轻处罚。

古代法律也没有规定已经成年的、有了自己事业的子弟有没有自己的独立财产，在什么样的情况下，可以获得独立财产，古代法律从来没有明文规定。法律只是规定，当父母让儿子分家出去另外居住的时候，分给他的财产才从大家庭的财产中被独立出去。如果父母没有叫儿子分家出去另外居住，他这一房的财产即便是他自己的事业或者当官赚的俸禄，从理论上讲，仍然是大家庭的财产，应该全部由家长统一调配。那问题就在这里，假设三兄弟中两兄弟在外做官很有钱，但是没有分家，而老三吃喝玩乐、赌钱胡闹，父亲没有安排分家，这两兄弟还是要补贴这个不争气的老三。对比一下，在罗马法里以及后来的欧洲中世纪法律里，家庭财产也是完全由家长即父亲一个人掌管的，但是也规定了某些情况下，子女的财产是特有产。比如说子女因为继承、别人遗赠，或者是别人的赠与而获得的财产，就是他的特有产，家长可以替子女保管甚至营运，但是儿子成年后要归还给他。儿子出去打仗，在战场上获得的战利品或者得到的奖金，就属于儿子的特有产，叫作"军功特有产"，父亲就不能调用。

亲属法有关家庭财产的规范非常少，这样就形成了一个家庭的大锅饭可以吃。让家庭财产在一个大家庭里进行统一调配，从而可以养活更多的人口，通过家长的统一调度，把一盘棋走活。但是缺点就在于这个立法原则下，所有的子女都没有赚钱的原动力，而依赖于大家庭这个大锅饭，结婚后就没有办法为自己小家庭做贡献。大家庭到最后总有一天是要分家的，法律上明文规定允许分家，但是分家必须由父母来主持，由父母来分家。如果父母没有同意，儿子就分家出去另过的，属于严重犯罪，"父母在，别籍异财"，父母没有命令，就自说自话把户籍分开，财产分开，属于"十恶"中的"不孝"，在唐朝要判两年徒刑，到了明清要打一百下屁股。当然，父母也可以追认，追认后就合法了。

这最后一个也是最重要的特点，表现了中国传统法律文化的一个基本点，就是法律不是围绕财产权，而是围绕"伦常"这个伦理体系。家庭中的名分、个人的等级地位，是法律确保的对象。但是这个名分、这个等级地位并不是财产权利，并不等于财产权。家族的名分、等级地位，是按照出生的先后、出生在哪一房就固定下来的。这样能够避免家庭内的纷争，保持家庭的稳定性与凝聚力，家庭成为经济保障上的大锅饭、社会生活中的避风港。

本讲小结

　　中国传统法律文化中的亲属法内容很多，历代法律都严格划定了亲属的范围与等级。在西晋以后的法律中，将儒家"服制"学说吸收为正式的法律亲等制度。

　　西晋以后的法律将亲属划分宗亲、外亲、姻亲三大类，以宗亲也就是父系亲属为中心，设定了严格的五服亲等制度，并具有明确的法律后果。

　　宋代以后的宗族组织，并非大家庭的简单扩大，而是一种具有独立财产、类似于今天基金会法人的社会团体组织。通过捐赠设立族产，并通过出租给外姓来获取地租，以此收益救济族人，祭祀祖先，兴办教育，具有很强的凝聚力。

　　中国传统亲属法的特点有以父系为中心划分亲属、等级划分细致、强调亲属关系的相对性，以及有意忽略家族内部财产的具体规范。

第六讲　家庭的大锅饭
——继承制度

扫一扫
观看本讲视频

在一个财产私有的社会里，人死了以后，他的财产要怎么来处理？而在古代，人死了以后还有一个死者的社会地位、死者在家族中的地位将由谁来继承的问题。人死后财产的处理、死者原来社会地位的处理，这就是人类社会的继承法。而中国传统法律文化里的继承法，具有非常明显的特征，明显不同于世界其他古代国家。

两大类别、两大原则

中国古代的继承分为两大类，而这两类继承采用的是完全不同的继承原则。第一大类可以称之为"身份继承"，而这个身份继承又可以分为两大类。一是社会身份的继承，在朝廷中、社会上的这个地位，由其后代来延续。二是家族内部身份的继承，比如家长权力由谁来接替。

根据以上的分类，在古代称呼都不一样。我们今天讲的"继承"这个词，在中国古代仅仅指社会身份的继承。比如说皇帝死了，太子登基，这叫继承大位。老爸死了，老爸是有爵位的，比如是个侯爵，儿子顶上去做侯爵，这个叫继承爵位，这是用"继承"这个词的。但如果是家族内部的地位，比如怎样来决定祖先牌位的陈列，祖先这个牌位是要放在"宗子"那里的。祖先以下嫡长子直线传递的这条线叫"宗子"，整个家族的祖先牌位放在谁的家里，就由谁来主持祭祀活动。这种家族地位的传承，在古代不叫"继承"，而是叫"承祧"。

第二大类，就是我们今天所讲的财产继承，古代从来没有这个说法。古代讲究的是"家"的延续，家是同居共财的基本单位，我们在上一讲里提到，"家"在中国古代就是一个财产集合的概念，而不是血缘集合的概念。"家"这个字就是财产集合的概念，一头猪就是当时家里最重要的动产，房子就是家里最重要的不动产，因为你要居住在这里，所以家庭就是一个财产的集合。"家"可以不是由血缘关系来决定的，是一个财产的集合，那么当控制这个"家"的家长不在了，这个财产集合怎么办？因为父亲死了母亲还在，所以，母亲还是家长，这个家没有解散，家长还在，财产仍旧属于家长。如果家长说不要了，或者母亲也去世了，家长不在了，这个时候才发生家庭财产的分割与处理，这叫"析产"，或者叫"分家"，用我们今天的话讲就是所有的法定继承人实现他们的财产继承。

所以，继承作为一个统括的概念，在中国古代从来没有这个说法，在这个意义上，"继承"这个词完全是近代的，到现在只使用了一百年都不到，是20世纪的汉语词汇。

所有的身份继承贯彻同一个原则：不管社会身份的继承还是家庭身份的继承，都贯彻嫡长制继承原则，也就是必须大老婆养的大儿子才能继承。可是在财产继承也就是中国古代所说的"分家析产"的时候，贯彻的原则又跟前面的原则完全不一样，它采用的是诸子均分原则，所有的儿子不仅都有份，而且数额都均等。这方面和其他古代国家不一样,其他古代国家都是一揽子继承,老爸的身份跟老爸的财产,都是贯彻同一个原则来进行继承,要么长子继承,要么诸子均分。

爵位的继承

我们首先来看贵族爵位的继承。社会身份最重要的是贵族爵位,皇帝封的爵位可以继承,皇帝给的官职不能继承。官职是皇帝让你干事情,你能干这个事情皇帝让你做,父亲死了儿子不一定能做,就要另外挑选其他人来做,所以从来没有官职继承的道理。而爵位是可以继承的,爵位所代表的特权地位、社会身份,是可以继承的。中国古代大部分朝代,将爵位分成五等,公、侯、伯、子、男。但是爵位只能由一个儿子来继承,不是所有的儿子都得到爵位,否则贵族就要恶性膨胀了。

爵位的继承严格限制为嫡长子就是大老婆养的大儿子来继承。如果大老婆没有养儿子怎么办?大老婆没有养儿子,就只好从小老婆的儿子里面找一个年长者来继承。如果大老婆、小老婆都没有养儿子,那该怎么办?在秦汉的时候就没有办法,只能爵除,这个家族的爵位就被取消了。

到了三国两晋南北朝的时候,开始想出一些变通的办法,允许无子的贵族"立嗣",用今天的话来说,就是在法律上"拟制"一个儿子,指定他作为继承人。这也有两种情况,一种是无子的贵族在死以前先"立继"或"立嗣",即生前指定一个自己的继承人,然后报请皇帝批准。这和今天的收养制度类似,也是全世界很多国家都允许的制度,不算很稀奇。

另一种情况是，有爵位而没有儿子的贵族，还没有想起来或者来不及"立嗣"，就已经死了，该怎么办？比如战争时期，一个人二十几岁结了婚，还没有儿子，被派出去打仗，立有战功，得了一个爵位，结果再次出去作战的时候就被打死了，这个叫作"瓦罐不离井口破，将军难免阵前亡"。这个爵位无人可传。这样不利于激发将士们的作战勇气，所以到宋朝以后规定，无子而有爵位的贵族死了以后，尽管生前没有指定继承人，死了以后继续可以"立嗣"，在法律上给死者"拟制"一个继承人。有权来"立嗣"的，可以是守志不改嫁的寡妇，也可以是死者的宗族。但是这个候选人不是随便挑的，首先必须从死者兄弟的儿子们中挑选，如果死者兄弟没有儿子，就要挑选死者堂兄弟的儿子，堂兄弟也没有儿子或者儿子不合适，再从再从兄弟、族兄弟一层层往外推。还找不到的，至少必须是同姓而且辈分相当、确实属于死者下一辈分的子侄。

军功贵族的减等继承

我们在"可上下的阶梯"一讲中已经提到过，这种贵族爵位的继承中，还贯彻了一个原则，就是皇亲国戚继承爵位不减等，而军功贵族一定要减等继承。

一般来说，皇亲国戚的贵族本身人数多不到哪里去，而帮皇帝打天下的功臣相比之下就是一个很大的群体。"一个篱笆三个桩，一个好汉三个帮"，要打天下，三个好汉肯定不行，要有三百个、三千个好汉才行。打天下的时候都许诺，打下了天下，一起享受荣华富贵，授予官职爵位。可是到皇帝坐了天下，那么庞大的功臣集团就隐隐成为皇权的威胁。所以很早以前，甚至就在军功贵族刚开始出现的时候，就已经采用了减等继承法。

历史上秦国商鞅变法，建立起二十等军功爵位制度，只要你有军功，就可以获取爵位。相当于周代诸侯这一级别的分为"彻侯""关内侯"两等；相当于周代"卿"这一级别的分为"大庶长"、"驷车庶长"、"大上造"（或称"大良造"）、"少上造"、"右更"、"中更"、"左更"、"右庶长"、"左庶长"九等；相当于周代"大夫"这一级别的分为"五大夫""公乘""公大夫""官大夫""大夫"五等；最低的相当于周代"士"这一级别的分为"不更""簪袅（zān niǎo）""上造""公士"四等。

历史书上都这么说，可是我们现在从湖北张家山汉墓出土的西汉《置后律》才知道，实际上这些军功爵位采取的就是减等继承。明文规定，除了两级侯爵的"后子"（嫡长子）可以承袭父亲的爵位外，九个等级的"卿"的后子一律只能承袭"公乘"的爵位，"五大夫"的后子为"公大夫"，"公乘"的后子为"官大夫"，"公大夫"的后子为"大夫"，"官大夫"的后子为"不更"，"大夫"的后子为"簪袅"，"不更"的后子为"上造"，"簪袅"的后子为"公士"。也就是说，最高的"大庶长"爵位继承一下子减了十等，从"五大夫"以下实行减两等继承，五代以后就减为平民，一爵不爵，一蹶不振了。

这个针对军功贵族的减等继承法后来就被很多朝代采用，在大部分历史时期，都实行这个减等继承法，使得军功贵族抱不成团。

家族身份的继承

人的身份包括了社会身份和家族身份，家族祖先的牌位放在谁家,就由谁来主持祭祀祖先,这也是死者家族地位、家族身份的继承问题。中国古代法律也规定,必须由嫡长子来继承。家族祖先的牌位由嫡长子来保管,祭祀祖先仪式由嫡长子来主持。用今天的法律眼光来看,这个好像不是权利,倒像是一项义务。可是主持祭祀仪式的时候,主事者对其他的亲属就会有号令权,有组织权,所以仍然是一项权利。

家族身份的嫡长子继承没有爵位继承那样复杂,没有嫡长子,可以由小老婆养的、被称为"庶出"的大儿子来继承。无子的话,这个家庭就"户绝"。

但是问题在于,隋唐时期的法律规定,"户绝"的家庭财产,如果没有遗嘱、也没有女儿的,就"检校入官",收归官有。五代时规定没有儿子,也没有待嫁的女儿,只有已出嫁女儿的,也要将全部家产收归官有。北宋建立后才允许出嫁的女儿可以获得全部遗产的三分之一,其余的三分之二还是要被官府没收。所以,无子家族身份的继承实际上具有了保持家产的重要意义。

正因为如此,宋代的法律网开一面,允许任何"无子"的人都可以"立嗣"。原来"立嗣"只是贵族的特权,现在普及到了所有的平民。而且不仅可以生前收养指定,同样也可以死后通过"立嗣"在法律上"拟制"出一个家族身份的继承人,实际上也就是家庭私有财产的继承人。

宋代法律比较复杂,规定"无子"就已去世的死者,可以由他"守志"不改嫁的妻子决定为其立一个"嗣子",这被称为"立继"。如果死者的妻子也已去世或者其妻子不愿意"守志"而改嫁离开夫家的,就由死者所在宗族讨论,为死者指定一个"嗣子",这个被称为"命继"。"嗣子"的选择范围依然严格控制在死者的侄子、堂侄之内,实在没有合适对象的,至少也必须同姓、相当于侄子辈分的。

到了明清的时候，法律规定更加简单，不再区分"立继"和"命继"，任何人无子去世后，都可以立嗣，由"守志"的寡妇和宗族合议，从死者的侄子、堂侄中挑选嗣子，但应该是寡妇"所亲所爱"的。

这个制度附带出的一个问题是，如果被挑选的这个"立嗣"对象本身是个独子怎么办？原本是个独子，到了所嗣的那一房，他自己本家不是要断了香火么？因此，历代都禁止独子出继。可实际上家庭关系是很复杂的，过继一个远房堂侄来，又反而会触发家族矛盾。所以到清朝乾隆皇帝的时候就制定条例，如果寡妇所挑中的那个继承人本身也是独子的话，只要"合族具结"，本宗族的家长都签字画押，保证没有异议，那么独子可以出继为另一房的嗣子，但是这个嗣子应该将他所继承的这个"所继父"与其亲生父亲"本生父"的两块牌位放在一起祭祀，这个叫"兼祧"，民间俗称为"两房合一子"。

分家的"诸子"

社会身份、家族身份的继承以一个人单独继承为原则，可是在财产继承上却完全不一样，所有的继承人，人人有份，诸子均分。就我们目前可以看到的资料来说，这个原则至少从汉朝起就已经开始贯彻。

那么，"诸子均分"究竟是哪些儿子有权参与分家继承财产呢？法律上的"诸子"就是所有的儿子，包括了大老婆养的儿子——"嫡子"，小老婆养的儿子——"庶子"，还有丫头片子养的儿子——"婢生子"。这些儿子都可以参与均分。"婢生子"是指男性家长与家里的丫鬟发生性关系养下的孩子,这个丫鬟并没有正式被"收"做小老婆,那么她的儿子就叫"婢生子"。婢生子绝对不能够作为身份继承的继承人,不能继承爵位,但是可以分财产。这些儿子全部都平分家产。

如果上面所说这些儿子都没有,怎么办?那么就是诸子里的第二顺序:嗣子。法律上"拟制"的儿子,或者生前收养及指定,或者死者死后由寡妇或宗族给他立的继承人。嗣子继承了死者的身份,自然也就继承死者的全部财产。

还有一种特殊情况,是死者在家里没有儿子,在外面倒有与别人通奸生出来的孩子,即我们今天所说的非婚生子,中国古代称之为"奸生子"或者叫"别宅子",意思是这个儿子不是在父亲身边长大的。古代法律明确规定,只要死者生前确认的或者死后家属确认的,同样可以获得继承权来分得家产。只不过他的份额,在与以上"诸子"一起分家时,只是以上"诸子"份额的二分之一;但是如果是与"诸子"中的立嗣子同为继承者,那么照样可以平分一半。如果这个家族根本就没有立嗣,那么奸生子就可以获得全部家产。这个是全世界几乎所有的古代国家都绝对不可能有的情况,其他古代国家法律都否认非婚生子女的地位,他们根本没有继承权。

女儿的继承权

有很多人都认为中国古代重男轻女,女儿没有财产继承权,这个概念一直到今天仍旧很顽固地盘踞在中国人的心目中。比如我们在电视台的法制节目里,经常可以看到当事人否认女儿继承权的纠纷。这是非常严重的误解。实际上在中国古代,历代法律都承认女儿的财产继承权,只不过女儿的继承份额受到了歧视。

在唐朝的法律里,没有出嫁的女儿即"在室女",只能够得到相当于未婚兄弟在均分的份额之外的娶妻"聘礼"的二分之一。所有的儿子在均分财产的时候,已婚的儿子和未婚的儿子所得份额是不一样的,如果无论是否结婚都同样分配,那么未婚的儿子会很吃亏,因为他得到的财产还要拿出一部分钱来讨老婆,要交给女方家庭一笔聘礼。所以唐代法律规定,未婚的儿子在分家的时候可以先得到一份"聘财",然后再跟其他兄弟平分财产。未婚的女儿能够分到相当于这份聘财一半的财产,作为她将来出嫁的嫁妆。用今天的话来说,就是女儿具有第一顺序继承人的地位,只是继承的份额较少。

另外一个歧视点是,唐朝及其之前的法律一般来说是否认女儿的不动产继承权的。唐朝法律规定,没有儿子的"户绝"之家在没有遗嘱的情况下,先要将所有的土地进行出卖(近亲有先买权),所得到的现金在支付了丧葬费用后,由女儿平分。

不过唐朝的这些法律比较复杂,到了元朝以后,法律就简单很多,未嫁的"在室女"与儿子一起分割遗产,女儿的份额为儿子的二分之一。至于是否应该获得土地房屋之类的不动产,法律不予明文规定,那么也就默认女儿可以获得不动产。

出嫁的女儿在中国古代是作为第二顺序。第一顺序是"诸子"和"在室女",只要这第一顺序有人,出嫁女作为第二顺序就没有继承的可能。五代时曾经剥夺了出嫁女所有的财产继承权,规定无子"户绝",也没有"在室女"的家族遗产全部"检校入官"。宋代法律规定出嫁女只能得到全部遗产的三分之一。明清时的法律没有这样贪财,其明文规定,无子"户绝",也没有"在室女"的家族遗产,全部归出嫁女平分。

为什么"在室女"跟"出嫁女"的继承地位差别这么大?实际上这里面有个前提,也是一种中国式的公平逻辑:因为出嫁的女儿在出嫁的时候,父母已经给过她一份嫁妆,从某种意义上讲,出嫁女已经提前实现了财产的继承,所以古代将出嫁的女儿作为第二顺序。

寡 妇 的 地 位

如果死者的寡妇决定要改嫁,那么自然没有任何财产继承的权利,实际上在元代以后,寡妇如果要改嫁,连原来带到夫家的嫁妆也不能带走。但同时也要说明,古代法律从来不禁止寡妇改嫁,只是鼓励寡妇"守志"。

寡妇如果"守志",不离开夫家,那么仍然不能列入财产继承人的范围,也不能列入继承的顺序。寡妇处在一种"特殊顺序":如果寡妇"守志",并且不同意析产的话,那么她仍旧是家长,家产不能分割,所以这个财产继承就不发生;如果儿子们都已经成年或者成家,要求分家析产,寡妇同意的话,那么就跟所有的儿子同一个份额,可以同分一份,但是这一份具有代管夫家财产的性质,在她死后,仍由儿子们平分。

遗　嘱

中国古代也有遗嘱继承,但问题是遗嘱继承并没有优先地位。我们现在可以看到一些汉代的"先令券书",具有遗嘱的性质,不过还没有发现秦汉时期有关遗嘱继承的法律条文。

目前能够看到最早的有关遗嘱继承的法律条文,是在唐朝的《户令》里。这条令文一开头就说,无子"户绝"的,"有遗书处分"的,按照"遗书"处理。可见唐朝法律规定的遗嘱继承有一个前提条件,就是无子"户绝"。如果有儿子的话,还是按照法律的规定来进行分家析产。

我们现在可以看唐代的一件遗嘱,是敦煌文书里的一件"唯书",非常典型地展现了唐代法律格局下的遗嘱继承情况。内容如下。

唐咸通六年(865)敦煌尼姑灵惠"唯书"

咸通六年十月廿三日,尼灵惠忽染疾病,日日渐加,恐身无常,遂告诸亲,一一分拆。不是昏沉之语,并是醒甦之言。灵惠只有家生婢子一,名威娘,留与侄女潘娘。更无房资。灵惠迁变之日,一仰潘娘葬送营办。已后更不许诸亲怗护。恐后无凭,并对诸亲,遂作唯书,押署为验。

弟　金刚
索家小娘子
外甥尼灵皈
外甥十二娘
外甥索计计
侄男康毛
侄男福晟
侄男胜贤
索郎水官
左都督成真(分别画押)

立遗嘱人是个尼姑，尼姑是没有孩子的，肯定符合"户绝"的法律前提条件。这个尼姑的名字叫"灵惠"，突然间生了重病，"恐身无常"，来日无多，所以"遂告诸亲"，她找来所有的亲属，"一一分拚"，这个"拚"是"析"的异体字。而且跟我们今天立遗嘱一样，先要讲清楚，立遗嘱人处在神志清醒的状态，"不是昏沉之语，并是醒甦之言"，我是在清醒的时候立下遗嘱。这个尼姑很穷，什么财产都没有，只有一个重要的动产，即"家生婢子"威娘，也就是一个女奴。"家生"的意思就是这个女奴的母亲也是她家的女奴。这个是她唯一的动产，她要留给她的侄女潘娘。但是潘娘有一个义务在里面，就是在这个尼姑灵惠死的时候，潘娘要给她办丧事。以后威娘就是潘娘的女奴了，任何亲属不得干预。这里"忦护"一词出现于很多的吐鲁番敦煌文书里，"忦"这个字我们现在没有了，这个竖心偏旁加一个"左"字，就是干扰干预的意思。见证并签署的亲属很多，兄弟索家小娘子大概应该是她的弟媳妇，外甥女也是个尼姑，另外一个外甥女叫十二娘，还有个外甥叫索计计，这个名字太奇怪了。三个侄子全部都要画押。还有两个可能是官员身份，一个水官，一个左都督，画押做这个证明。

到了明清时期，法律对于遗嘱继承根本就没有任何规定，所以从法律上讲，遗嘱继承是没有法律地位的，更不要说是在法律上明确遗嘱优先原则了。

继承法的特色

下面我们讲一下中国传统继承法律的特点。

第一，中国古代的身份继承跟财产继承完全分开，贯彻的原则也完全不一样，这个特点有别于世界上其他古代国家的法律。在其他很多古代国家，身份继承和财产继承是包含在一起的，实行一揽子的继承，贯彻同样的原则。

第二个特点，就是不存在遗嘱优先原则。这一点在古代世界里并不突出，世界上绝大多数地方的古代文化，都是法定继承优先，遗嘱继承优先原则是非常罕见的现象。只有在私有制非常发达的地方才可能产生，出于私有财产神圣不可侵犯的原则，即便我死了，我的财产也要按照我的意志来处分。只有在这样的地方才会形成遗嘱继承优先原则，也就是古罗马才会形成这项遗嘱优先的法律原则。

第三个特点，读者可能已经发现了，就是以上所讲的，第一顺序继承人是"诸子""在室女"，第二顺序继承人是出嫁的女儿。这两个顺序合起来，还是死者的子女，也就是我们今天继承法的第一顺序。下面还有没有第三顺序继承人呢？没有了。明清法律规定，如果没有出嫁女的话，遗产就归官府所有，就被国家没收了。我们今天的第二顺序继承人即兄弟姐妹呢？古代法律根本就把兄弟姐妹排除在继承人的范围以外。所以，古代这个财产继承法，非常突出的是遗产的直线传递原则，只是往死者的直线、直系血亲晚辈亲属进行遗产的传递，旁系亲属一点都不沾边。所以，民间有一句俗谚"亲兄弟，明算账"，就来自这个原则，亲兄弟之间是没有相互继承财产的权利的，财产方面是不交界。这是个非常突出的特点，在世界其他地方很难找到这么决绝的排除一切旁系亲属的继承法。而我们现在所实行的继承法，实际上与中国传统不一致。

那么，中国古代法律为什么要这样规定？很可能当时的立法者认为,因为上一代也是诸子均分的,再上一代也是诸子均分的,所以兄弟之间,祖先已经给了你平均的一份,你怎么可以再得到我的一份?我的一份只能留给我的儿子,由我这一房传递下去,于是不再发生横向的财产关系了。

"生前继承"的特点

这第四个特点,我们前面没有提到,就是"生前继承"的特点。中国古代实际上是在父母都去世以后,再进行分家析产,用现在的法律术语来说,就是才开始财产的继承。另外,古代主流意识形态主张,如果子女都成年的话,父母在去世以前,最好预先把财产安排好,先在父母的支配下进行分家析产。有一些家产的人家,父母都会在去世以前,在自己脑子还清楚的时候,预先把家庭财产分给所有的儿子,自己留下一小部分,最后等到自己过世以后,再由儿子来瓜分最后这一小部分,主要的财产都在他生前已经被分配掉了。现在说起来这个不叫继承,而叫赠与,但是为什么赠与要全部都刻意做到均等呢?

我们现在的继承法明确规定,继承从被继承人死亡之时开始。存世的父母将家产分割给子女的就是赠与。但是中国古代这种赠与有一个特点,至少从两千多年前开始就强调对所有儿子的赠与必须是平均的、完全平等的。

我们今天能够看到的资料记载,第一个对儿子们进行均等的生前赠与的人,就是汉朝初年的大臣陆贾。陆贾因为出使南越,平息了南越与汉朝的争端,得到了汉高祖的一笔赏赐,"一千金"(当时每一斤黄金被称为"一金")。陆贾就拿着这些黄金去投资,在长安附近一带买了五个庄园。他有五个儿子,便将每个庄园分别分配给五个儿子,庄园的面积和质量都差不多。然后他跟五个儿子约好:我房子都给你们了,现在我就在每个儿子家里住一个月,轮流住,将来走不动的那天在哪个儿子的庄园,那个儿子就要给我办丧事。这么说起来不是办丧事的儿子要吃亏吗?也不会,陆贾又特意说明,将来自己随身的动产就由最后送终的这个儿子处置作为补偿。他的随身动

汉墓出土的舞蹈俑

产价值不菲,包括皇帝赐予他的非常漂亮的马车、拉车的四匹好马,还有一把价值"百金"的宝剑,以及十个能歌善舞的随身女奴,都由最后给他送终的儿子继承。

　　后来陆贾这个事例在中国传统社会里非常流行。父亲死之前,在身体好的时候,就预先把财产全部分配给所有已成年的儿子,而且要分配得完全平均。动产与不动产搭配,不能一个人全部继承动产,一个人全部继承不动产。房子、土地、牲畜、奴婢都要搭配好,有几个儿子就分成几份。怕不平均,还要举行抽签仪式,由所有的儿子抽签来决定获得某一份搭配好的财产。抽到哪一份,就是哪一份。这个在中国古代叫"拈阄",在开始这个"拈阄"仪式之前,一般父亲会写一个书面的"阄书",这个阄书也可以称之为遗嘱,但和今天法律所定义的遗嘱还是有所不同,根本不涉及

财产分配问题，因为财产分配都是平均的，没有什么好说。一般来说，这个"阄书"只是一个道德的告诫，告诉儿子们现在把财产分给你们，省得你们将来在我死了以后叽叽歪歪，为了财产分配吵架，弄得兄弟失和，我先给你们分好。将来我死了以后，你们好好过日子，对得起祖宗。我们现在能找到大量这种阄书的资料，甚至在敦煌文书里还有这种"阄书"的"样文"（模板）。

这种父母死之前给儿子分家的行为，应该定性为提前让继承人实现继承。复旦法学院的姚荣涛教授在很早以前就提出这个应该被视为"生前继承"，在被继承人死亡前，提前满足继承人实现继承的期待。靠死后一张遗嘱来确定遗产归属，一直到今天为止，仍旧不是中国人的习惯。

"大锅饭"的特性

以上这四个中国传统继承法的特点，体现出中国传统法律文化的一个特性，就是家庭具有"大锅饭"的性质。所有的子女、直系后代，总能从家庭的大锅饭里分到一份。说起来家庭制度也是等级分明，可是在遗产继承这件事情上，不管个人努力怎么样，也不管你是什么出身、什么家庭地位，都有可能获得一份遗产。这是个非常了不起的特性。

在世界上很多地方，比如在古代欧洲，长期执行的是长子继承制。长子继承所有的不动产，其他儿子只能继承动产。最著名的事例，就是我们小时候看的法国诗人贝洛的童话"穿靴子的猫"的故事：老爸是个磨坊主，他有三个儿子。老爸死了，然后老大得到了磨坊，老二获得一头驴，老三连驴都没有，只得到了一只猫，而且这只猫还能说话，说它的爪子不能着地，走路的时候，得给它穿上靴子。它要老三做四只小靴子给它穿在四只小脚上。后来老三就靠这只娇贵而又聪明绝顶的猫，娶到了一位公主，打败了魔王，成为一方的领主。

像这种童话在中国是不可能产生的，因为这个老爸怎么可以这么偏心呢？兄弟之间继承到的财产怎么可以有这么大的差别呢？可这在欧洲完全正常，法律就是这样规定的：所有的不动产必须归长子一个人独得，不准分割。磨坊不就是不动产吗？所以老大得到磨坊天经地义，其他的儿子要继承的，只能是动产，也没有规定必须均等。所以，老二得到一头驴，老三只能得到一只猫，也是完全合情合理，否则怎么来平分驴和猫，难道把它们杀了按照体重来分配吗？

还有可以用作对比的，是欧洲古代继承法绝对歧视非婚生子女，私生子都是受到诅咒的，都是不允许继承任何财产的。只有中国的传统法律允许私生子继承财产，分享"大锅饭"的福利，显示出中国传统法律文化所具有的人道主义的倾向。

本讲小结

中国古代的继承分为身份继承与财产继承两类，前者实行嫡长子继承制，后者实行诸子均分制。

中国传统的财产继承被称为"分家析产"，不存在遗嘱优先原则。而且实行严格的直系纵向往下传递原则，旁系亲属都被排斥于继承人范围之外。在继承开始的时间上，传统法律文化鼓励父母家长在生前预先将财产分配给成年子女，以防止他们去世后子女为争夺遗产而发生纠纷。

第七讲　走向文明的契机
——刑罚制度的改革

扫一扫
观看本讲视频

中国传统法律文化有一个显著的特色，但却很少在我们的历史教科书中提到，就是中国传统的法定刑罚制度在很长的一段时间内，一直是世界上最文明、最人道的刑罚体系。和世界其他文明古国相比，公元前2世纪的时候，中国在世界上首次废除了残害刑。到公元6世纪时的中国法定刑罚体系，已经相当于欧洲国家18、19世纪的水平，达到了很高的文明程度。中国法定刑罚体系走向文明的一个重要的转折点，就是西汉文帝时期发起的刑罚制度改革。

古代的"肉刑"

在西汉文帝开始刑罚制度改革之前，中国古代的刑罚和世界其他文明古国差别不是很大。从先秦的商周时代一直到汉朝初年近两千年的历史时期，国家施行的刑罚的主体就是"肉刑"，也就是残害刑。一个人犯罪以后，国家就给他的人身制造一个无法复原的伤害。中国古代称之为"肉刑"，就是给肉体造成不能复原的伤害。

文献里记载的以及现在可以从甲骨文、金文材料看到的古文字里，有很多关于肉刑的资料，后来的一些书籍尤其是儒家的一些著作将之归纳为五种，号称"五刑"，但实际上，这里的"五"只是泛指，肉刑并不止五种。

有人认为此字表示墨刑

最常用的是"墨刑"，也叫"黥刑"，就是破坏罪人的容貌。很多书籍都说就是刺字，这是误解。从甲骨文资料来看，"墨"字是拿刀，像有个尖嘴的刀，把罪人的脸划破两三道口子，并在破口里嵌上黑色墨汁，让伤口变成一个显著的大瘢痕。一般是划破罪人两边的脸颊，或者颧骨，或者额头，还有在眼睛上下等这样几个部位，所以称之为毁容刑比较合适。

还有一种在古代世界非常流行的残害刑，就是割鼻，中国古代叫"劓刑"。砍脚，也是古代很多国家的刑罚，中国古代叫"刖刑"，或者"剕刑""膑刑"。砍的部位从商代的甲骨文来看，一般是小腿。下面是李学勤先生在德国博物馆发现的一块商代的、三千多年前的甲骨片，左边是这个甲骨片的照片，右边是它的拓片。看拓片的右侧，有个鼻子的图像，下面是一把刀，李学勤先生释读这个字就是"劓"，表示割鼻。然后看拓片的左下部位，这个图形是一个人，他的左脚是断掉的，接了个木棍上去，这就表示受了"刖刑"。左上部位那个，右侧这个是个耳朵，旁

边加一把刀，表示用刀把耳朵割掉，这就是"刵刑"。

还有几种也是古代世界普遍使用的残害刑，比如"宫刑"，也叫"淫刑"，也叫"椓刑"，也叫"腐刑"，等等，名目很多，就是毁坏罪人的生殖机能。在文献中还能看到断手，即砍断罪人的手掌。

儒家文献将墨、劓、刖、宫这四种肉刑作为代表，再加上死刑砍头的"大辟"，合称"五刑"。受了肉刑的这些罪犯从此也就成为官府的奴隶，据说断脚的看大门，毁容的守仓库，为官府打杂。我们看甲骨文里"仆从"的"仆"字：一个人的头上有一个尖角的东西，有人认为是尖刀，表示这个人的脸被划破了，受过墨刑。也有人认为那是一个"辛"字，原是木制手铐的象形字，表示械具，说明这个人是戴着械具的。再看他的脚，一只脚是正常的，另外一只脚装了个假腿，支了一个木架。同时两只手捧着一个器皿，上面有东西掉下去，这就是表示打扫、清洁工的意思。

甲骨文"僕"（仆）字

从商朝到春秋，这些刑罚没有什么变化。只是到了战国时期，随着生产力的发展，劳动力越来越紧张，把人小腿砍掉，即便装了假肢，还是站立困难，丧失了大部分劳动力。所以到战国时，开始将"刖"的砍脚，逐渐改成了砍掉罪人一只脚的前脚掌，这叫"斩趾"。这里的"趾"不是脚趾头，而是前脚板，我们看"止"这个字的甲骨文及金文的字形，就能看出是脚掌的象形。

甲骨文、金文中的"止"字

罪人被砍掉前脚掌后还可以站立,还有劳动力。尤其是当时各国忙着修建城墙等防御工事,中国建筑是夯土建筑,城墙都是用泥土夯实而成。夯土的工作不需要多走动,只要站立着两手操作木夯就行。没有前脚掌的人能够干这个工作。还有个附带的好处,是没有前脚掌的人无法奔跑,只能慢慢走路,这样还能节省守卫开支。所以,秦国就很普遍地将罪人"斩为城旦",斩趾后再让他们去筑城。

有关刑法理论的讨论

中国古代刑法理论很早就得到了很大的发展,春秋战国之际"百家争鸣"的时代,诸子百家经常讨论的问题之一,就是应该用什么样的手段来处罚罪犯。欧洲当时对这个问题根本就没有关注过,没有一个学者和思想家讨论过这个问题,可在中国对于应该如何使用法律来处治犯罪这个问题,已经形成了三大学派,那就是儒家、法家、道家。

首先,我们来看儒家。儒家的开创者孔夫子认为刑罚要"中",处罚罪犯要适当,与他的罪行相符合。孔夫子说:"礼乐不兴则刑罚不中,刑罚不中则民无所措手足。"(《论语·子路》)意思是这个社会如果精神文明水平太低,那么法律处罚的力度就会一会儿轻一会儿重,不适当;而处罚力度不适当的话,老百姓就连手脚都没有办法放置了。

孔夫子又认为政府应该注重教育,引导百姓。他说:"道之以政,齐之以刑,民免而无耻;道之以德,齐之以礼,有耻且格。"(《论语·为政》)君主用政治去要求百姓,引导百姓,用刑罚去威吓百姓，百姓可以不犯罪（这里"免"就是不犯罪的意思），但却没有羞耻心；如果用道德去引导百姓，用礼义伦理去要求百姓，百姓就会有羞耻心，主动守法而不会犯罪（这里的"格"就是自觉遵守的意思）。孔子还曾说"不教而杀谓之虐"（《论语·尧曰》），如果不对百姓先行教育，直接处死，就是虐政。

对百姓施行教育，教化百姓，是儒家最突出的、一贯坚持的政治观点，也是刑法观点。战国末期的儒家荀子对此稍微加以补充："故不教而诛，则刑繁而邪不胜；教而不诛，则奸民不惩。"（《荀子·富国》）对百姓没有教育就进行处罚的话，处罚越多，社会只会越来越动乱；但是如果只进行教育而不施行刑罚，犯罪分子也会越来越多。

道家也称"黄老"学派，因为尊崇黄帝、老子而得名，我们今天熟知的道家经典《道德经》也叫《老子》，此外，这一学派还有庄子的著作。实际上，战国时期流行的道家，还有一部重要的经典——《黄帝经》，可惜原书很早就散失了。直到20世纪70年代的时候，方从汉墓中发现了一批竹简，是一本政论书籍，很多释读者认为就是散佚已久的《黄帝经》。结合这些著作，我们大概可以恢复黄老学派主要的刑法思想。

在《道德经》里，老子嘲笑了统治者使用死刑威胁百姓的主张："民不畏死，奈何以死惧之？"如果暴政使得百姓连死都不怕的话，那么用死刑威吓还有什么意义呢？只有在百姓都安居乐业、畏惧死亡的情况下，偶尔有个犯罪的，处以死刑，才有真正的威慑意义。同样，"民不畏威，则大威至"，在百姓都不畏惧威吓的时候，那才会有真正的威胁。

道家最重要的思想之一，就是认为自然自有运行规律，天道自会规范人间，人为执法自以为是，实际上是在代替天道执行，就好比代替优秀的工匠挥舞斧子，没几个能够保住自己的手指的。《黄帝经》也这样认为："道生法。法者，引得失以绳，而明曲直者也。故执道者，生法而弗敢犯也，法立而弗敢废也。"（《黄帝·道法》）道就是自然天道，天道就是法律的依据，有道德的人才懂这个"道"的道理，按照"道"立法后，立法的人不能触犯它，也不能改动它。所以，法律的权威高于一切。

在《黄帝·君正》篇里，主张统治一个地方的第一年"从其俗"，"俗"就是"顺民心"，顺从百姓的习惯；第二年"用其德"，"德者爱勉之"，抚慰百姓；第三年"民有得"，百姓体会到实惠；第四年才能"发号令"，设定法律，开始有所作为；第五年后才可以处罚百姓；第六年百姓开始产生敬畏；到了第七年"可以征"，才可以征税。

我们再看法家。以商鞅、韩非为代表的法家对于这个问题态度很明确：首先要重刑罚。老百姓即使犯很轻的罪，也应该判处很重的刑罚。"故行刑，重其轻者，轻者不生，则重者无从至矣。"（《商君书·画策》）在这样的重刑高压之下，老百姓连轻罪都不敢犯，更不会去犯重罪了。据说商鞅变法的时候，曾经规定，在马路上倒垃圾的、破坏市容的，抓到了就砍去一只左手。后来秦国的社会治安就好转了。

法家还主张，在对罪犯处重刑的时候，还要"连其罪"，让他的家属一起连坐受苦。"重刑而连其罪，则褊急之民不斗，很刚之民不讼，怠惰之民不游，费资之民不作，巧谀、恶心之民无变也。"（《商君书·赏刑》）一人犯罪，连坐全家，"褊急之民"，有偏执狂的、火气大的人都不敢打架了；"很刚之民"，喜欢强词夺理的人都不敢打官司了；"怠惰之民"，那些懒汉二流子也不敢到处闲逛了；"费资之民"，奢侈浪费的也不敢胡乱订制夸耀性的商品了;"巧谀、恶心之民",那些见风使舵的马屁精也不敢多变做两面派了。

我们今天把法家这个重刑理论归结为威慑至上主义,刑罚就是要使人害怕,不敢轻易犯罪。"重一奸之罪,而止境内之邪,此所以为治也。重罚者,盗贼也;而悼惧者,良民也。欲治者奚疑于重刑名!"(《韩非子·六反》)重重处罚了一个坏蛋,就能遏止整个境内所有的邪恶,重刑处罚的是盗贼,感到害怕的是没有犯罪的老百姓。想要治理天下的就不要怀疑重刑的作用。

"过犹不及"

大家都知道百家争鸣的结局,最后是秦国一统天下,结束了战国纷争的局面。秦统治者身体力行,遵行法家学说,并且焚书坑儒,非法家的学说全部被禁止传播。

法家在秦国的成功,掩盖了它学说上的问题。"轻罪重罚",据说推行之初,秦国的社会治安很好。可是很轻的罪行用很重的处罚,结果使这个刑罚体系的打击重点没有了。所有的轻罪都是重刑,那么,重罪重刑也就失去了目标,反而会分散统治的力量,正如老子所说,滥用死刑的结果,是死刑的威慑力反而降低了。种种不端行为都由政府来进行严厉惩罚,结果导致老百姓最痛恨的就是秦国暴政,这就是秦朝末年农民起义爆发,众多百姓揭竿而起冒死反抗秦朝的原因。

另外,威慑主义的逻辑太简单,以为人们遵守法律的唯一动机只是出于对刑罚的恐惧,只要加强威慑,人民就会守法。其实刑罚的威慑力量在于保持一个合理的级差,如果没有级差,大多数罪名都给它加到极限，那么这个威慑力也就消失了。最明显的证明事例，就是秦末农民大起义。

陈胜、吴广和九百个戍卒被征往渔阳去戍边，半路到了大泽乡这个地方，因为大雨没有办法前进。陈胜、吴广就暗中动员大家，说按照秦国的法律，我们服役迟到，全部都要被处死刑。大丈夫为什么要去送死？我们还不如在这里造反，造反不一定死，弄不好可以享受荣华富贵。这是真的吗？完全是谎言，怎么会有这么蠢的法律，迟到了就要全部砍头？到了21世纪，去某地报到还是可能迟到呀，飞机会误点，高铁会出轨，总有些意外事件耽搁行程。古代靠两条腿走路，一路上风雨雷电根本没有办法预测，所以，古代的法律从来没有这样的规定。我们现在可以看到湖北云梦睡虎地秦墓竹简以及居延汉简中的秦汉法律，只是规定服役迟到会被训斥一顿，然后延长服役期而已。可是陈胜、吴广用这个谎言居然就使得大家相信，因为所有服役的平民都感觉到秦朝的法律就是这样残酷无情，所以才会横下一条心来和朝廷拼命。

值得吸取的教训

汉朝建立后，统治集团的大多数人也是从社会中下层升上去的，汉朝开国皇帝刘邦也不过是秦朝的亭长，与今天的派出所所长相当。他原来是代表秦政府镇压百姓的，后来看到了百姓的力量，足以使得秦朝的统治迅速土崩瓦解，所以，汉朝的统治者非常焦虑，他们认真总结秦朝的政治得失，其中就包括了对秦朝推行的法家威慑主义学说的怀疑。

汉朝一开始就沿袭了秦朝的法律，并没有很大的改动。汉高祖死后,他的儿子汉惠帝立刻就开始改革法律,首先废除了《挟书律》,就是禁止老百姓收藏书籍的法律,这也就意味着法家以外的学说都可以在民间被学习传播了。很快儒家、道家的学说开始恢复,尤其是"黄老"的道家学说对朝廷施政产生了重大影响。

之后高太后当政,下令废除了"夷三族"。这是秦朝最重的死刑,一个人犯了罪,要杀他一家子,往上所有在世的直系尊亲、往下所有的直系卑亲、同辈的配偶以及兄弟姐妹这样三个方向的亲属全部被杀光。秦朝的丞相李斯就是被"夷三族"的。同时又废除了秦朝的"妖言"罪,不再追查政治谣言。

不过汉初的法律还是非常残酷,我们看下面这张汉朝初年画像石的摹本。周围一圈圈是政府工作人员,他们手里拿的都是刑

汉画像石上的施刑情景

具，像一把尖头的锤子一样，就是用来施行墨刑的。画像中有的人面目不清，就是被施了墨刑的。还有很多拖出去要被砍头的，正在剃发的也就是在施行髡刑。当中很多人跪着或趴着，站不起来，这些人不是受了刖刑或者斩趾，就是受了宫刑。

湖北江陵张家山汉墓出土的竹简里有很多汉朝初年吕后当政时期的法律，我们可以看到，当时罪犯一旦受了肉刑，就终生成为残疾，即便是将来被朝廷赦免，也不能和其他百姓住在一个村落，他们被编为专门的户籍"隐官"，聚居于朝廷安置的居住点苟延残喘。汉朝初年的法律里还专门有一个《收律》就明确规定，凡是被判处"完城旦舂"的刑罚（就是保留头发胡须，男的去为朝廷筑城，女的去为官府舂米），以及被判处"鬼薪"刑罚（就是伐木苦役）以上的罪犯全部都要"收其妻子"，把他们的老婆孩子都抓起来，集中关押，是为"收人"。然后分配到各个政府机关去做"隶臣、隶妾"（"隶"表示隶属于官府，"臣"就是男奴，"妾"就是女奴），统称为"隶臣妾"，在政府机关从事各类勤杂工作，站岗、放哨、看门、洗衣、打水、砍柴、做饭、搬运，夜晚巡逻警戒，看守监狱，甚至官吏检验尸体、勘察现场，都有专门的隶臣跟随。整个政府的勤杂工作，当时都是由隶臣妾来承担的。

改革的酝酿

公元前180年，在吕后死了以后，以陈平、周勃为首的功臣集团在长安发动政变，杀光了所有的吕氏家族成员，然后派人迎接刘邦的儿子代王刘恒进京，奉为皇帝。刘恒史称汉文帝，他就是这样突然成为皇帝的。

中国历史上一般认为汉文帝是个好皇帝。还没有做皇帝的时候,他就已经是著名的孝子。据说他母亲生病时,"三年不交睫,三年不解衣",一直在母亲床前伺候,母亲吃的药,他都要先喝一口,以保安全。后来这项事迹被列入"二十四孝"。"二十四孝"有好几个版本,但汉文帝都是被列入的,"亲尝汤药"。

刘恒在二十二岁时出乎意料地当了皇帝,一上台就处心积虑地从刑罚制度的改革入手,来为自己获取更广泛的支持,进一步夯实统治基础。

登基后才三个月,汉文帝就下令要废除"收孥相坐律",就是我们提到的那个《收律》。一个人犯罪不再连带处罚亲属。这个改革力度非常大,开始遭到了丞相以及各部门大臣的抵制。他们提出反对意见,说百姓就像不懂事的孩子,容易任性,触犯法

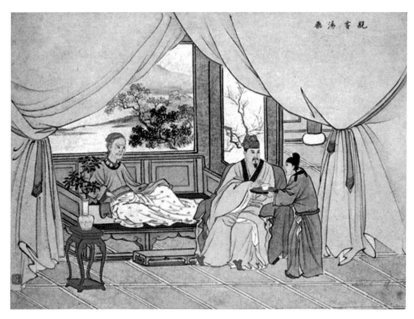

"二十四孝"之刘恒亲尝汤药

律，所以古代设置了连坐制度来约束，还是不要废除为好。汉文帝亲自下诏批驳，说法律不是用来保卫良善、惩治坏人的吗？怎么是用来恐吓百姓的呢？而且官员就应该有引导百姓趋于良善的责任，怎么可以恐吓为先呢？朝廷大臣这才闭了嘴，执行了这项指令。从战国初年开始，实施了三百多年的连坐制度就此结束。

然后过了一年，汉文帝又下令废除了"诽谤律"。这也是从秦国沿袭下来的罪名，议论皇帝的事情，就可以定为诽谤罪。

汉文帝仍然在考虑要对刑罚制度进行更彻底的改革。这个改革机会是在他登基十三年后到来的，因为一位少女的上书而触发。

改革的契机

汉文帝十三年，也就是公元前167年，在齐国发生了一个很普通的案件。当地的太仓令淳于意因为犯罪，要被解送到长安去受审。这也是汉朝开始的制度，汉高祖时规定，官员犯罪必须要由中央统一审理。淳于意的公开身份是太仓令，是管理国家仓库的一个官员，即仓库主任，业余身份则是个有名的医生。他的罪名大概不过是国家仓库的粮食发生霉变之类的，他自己觉得很冤枉，在上囚车的时候感叹说：都怪我"生子不生男，缓急无所用"，生了五个女儿，没有儿子，到了紧急时分没能有个儿子出来帮我去说话。

淳于意最小的女儿淳于缇萦，当时只有十五岁，听了父亲的话很激动，毅然决然地就跟在囚车后面去了长安。齐国就在今天的山东淄博，长安就是现在的西安，相隔两千多里地。淳于缇萦大概走了一个多月才到了长安。更稀奇的是，这样一个外地来的少女，竟然能够把她的申诉书递交到了汉文帝那里。

淳于缇萦在申诉书里说，我的父亲作为官员，在齐国名声一直很好，现在偶尔犯了过错要受刑罚，我很悲伤，"死者不可复生，刑者不可复属"，死去的人不能活过来，受了刑的人不能复原（这里的"属"是接上、恢复的意思，可见她父亲按照罪名应该要接受肉刑处罚）。以后要"改过自新，其道亡繇"，想要改过重新做人，已经是没有了途径。意思就是身体残缺永久存在，一看就是罪犯，没有办法恢复平民身份，重新回归社会。缇萦恳求汉文帝给她父亲一个机会，她自己愿意进入宫廷去做官奴婢，以代替她父亲要受的这个刑罚。

改革的理由与原则

淳于缇萦的这个申诉书被汉文帝看到已经很稀奇了，更稀奇的是，汉文帝还为此下了一道很长的诏书，下令废除肉刑。

汉文帝这道诏书开头就说，看了淳于缇萦的上书非常感动。接着就说明了要废除肉刑的三大理由。

首先，汉文帝说现在有"肉刑有三，而奸不止"，这当然也可以说是多种，不过我觉得这里是确数，就是他指示要废除的黥刑、劓刑、斩趾这三种。他没有提到宫刑，合理的推测是在这之前宫刑已经被废止了。什么时候废的？不清楚。很大程度上是因为记述者的原因，因为司马迁写《史记》的时候，这是个忌讳的事情。司马迁是受了宫刑的，所以他不能够把汉文帝废宫刑写在《史记》里，否则就等于是在指责汉武帝：你爷爷是把宫刑废掉了的，你对不起你爷爷。所以，他就有意把这个事情模糊掉了。但在其他文献里面我们看得很清楚，比如汉景帝在历数他父亲汉文帝的功绩时，明明白白地讲到"除淫刑"。后来班固在写《汉书》的时候，也没有去弥补司马迁的这个空白。汉文帝在诏书里说的这句话的意思，是说肉刑的威慑力实际上不可靠，人们还是会犯罪。然后他话锋一转，说犯罪的很多原因是我这个皇帝"德之薄而教不明与？吾甚自愧"。一个皇帝先做自我批评，自己的"德"太薄没有带好头，对百姓的教育不够。所以，犯罪的缘由跟刑罚没有直接关系，主要在于社会的精神文明水平。

其次，汉文帝说，今天人犯了过错，还没有对他进行教育就施加刑罚，然后直接引用淳于缇萦的原话，这个人将来要"改过自新，而道亡繇至"，没有重新做人的机会，我觉得很可怜。

最后，汉文帝说，现在的刑罚重到这个程度，把人的脚砍断，伤痕深深刻在人的肌肤内，造成的痛苦终身不息，让人一辈子受苦，"何其刑之痛而不德也"！肉刑是不人道的，这难道是为民父母的意思吗？

汉文帝于是下令，要改革刑罚体系，包含两项内容：一是要把这个肉刑废掉，用其他刑罚来代替；二是所有的罪犯按照罪行的轻重，只要不逃走的，经过一段时间以后，"有年而免"，过了几年后就可以不再关押，让他回归社会。

我们看淳于缇萦的上书和汉文帝的诏书，都是基于黄老、儒家的学说。刑罚不应过分残酷，刑罚的目的是使罪人受到处罚，同时也应该给他准备好重新做人

汉文帝像

的机会。要对百姓进行教育，通过教育来预防犯罪。汉文帝这个刑罚改革的主要出发点，就是要让罪犯能够回归社会，重新做人。不要让罪人在生理上成为残疾人，也不要让大家一看就知道他是个罪犯。让罪人有机会，在吃过一定苦头、经过一段时间以后，就能够回归社会，这就是我们今天讲的"有期徒刑"这个概念。

汉文帝受到儒家思想和道家思想很大的影响。他最喜欢讲"德"，统计一下在《史记》和《汉书》里面能够看到的西汉所有皇帝发布的诏书里，只有汉文帝前前后后一共用了九次"德"字，是西汉所有皇帝诏书中最多的。

改革的完善

汉文帝的诏书下达给有关部门，由丞相和御史大夫，也就是文官里的一把手和二把手领衔，向皇帝提了改革方案。将原来的黥刑改成"髡钳城旦舂"，把罪犯头发、胡子全部剃光，脖子上戴个六斤重的铁钳，防止他逃跑，然后男犯筑城，女犯舂米，服苦役五年。原来的劓刑即割鼻刑，改为笞三百，用竹板打三百下。原来的斩趾，斩去前脚掌的，改为笞五百。

另一个改革方案，被判处"完城旦舂"的罪犯，先做三年的城旦舂；然后再去做"鬼薪白粲"，男犯去伐木，女犯去从事粮食加工，做一年；然后再做隶臣妾一年，到政府衙门做勤杂工；总共服苦役五年。被判处"髡钳城旦舂"的罪犯，先把头发、胡子剃光，戴铁钳劳役一年，然后再做"完城旦舂"，拿掉铁钳，保留头发和胡子，再做三年苦役，然后再转"鬼薪白粲"、再转隶臣妾各一年，总共加起来服苦役六年。被判处"鬼薪白粲"的罪犯，先做鬼薪白粲三年，期满后再去做一年隶臣妾，总共服四年苦役。被判处"隶臣妾"的罪犯，先在政府衙门做勤杂两年，然后就去做"司寇"两年。司寇就是线人、协警，做小偷出身的，揭发追踪小偷自然是内行。总共四年时间。直接被判处"司寇"，两年后回归社会。以上各个刑罚服刑期满，都回归社会，社会等级为庶人，比平民稍微低一等。

汉文帝批准了这些方案，刑罚制度的改革就这样全面推行开来。值得注意的是，司马迁在《史记·文帝本纪》的这段记载中很可能遗漏了一根竹简，文句意思不通顺，有关刑期的这个部分，我是根据北京大学法学院张建国教授的复原文本介绍的。

至于引发这次大改革的淳于缇萦以及她的父亲淳于意的命运如何，史书中并没有交代，我们只能推测，淳于意应该是被汉文帝下令赦免，改行做了医生，因为在某些文献中提到他后来有一部医药书传世。而淳于缇萦就完全没有任何记载了。

这次改革还是留下了很多遗憾的。主要是三种肉刑改换笞打的次数实在是太多了。原来割一个前脚掌的，现在要打五百下；原来割个鼻子的，现在要打三百下。人不经这么打的，如果是狠狠打人的，一百下不到就可以把人打死。所以刑罚改革之初，有很多人还没有施完刑，就已经被活活打死了。秦汉时候的人，脑子很简单，法律规定要打三百下的，打到一百五十下时罪人已经没有气息了，还在打，非打到三百下不可。这个现象太残酷，所以班固在《汉书·刑法志》中批评说："名为轻刑，实则杀人。"本来斩前脚掌不一定会死人，割一个鼻子更不会死人，可改革后太多的人被活活打死了。这个指责，我觉得不应该由汉文帝来背负。改革方案是下面的人起草的，他们很可能有意在给汉文帝"吃药"。汉文帝自己从来没有挨过打，他哪里知道人可以打多少下不至于死。

汉景帝像

等到汉文帝的儿子汉景帝上台,很快就进一步改革,规定原来应打五百下的,一律减为三百下,原来应打三百下的,一律减为两百下。不久再下令,要打三百下的减为两百下,要打两百下的减为一百下。尤其是汉景帝又专门制定了《箠令》,具体规定执行刑罚的制度,刑具的标准全部要统一,竹板只能长五尺,大头一寸宽,小头半寸宽,总重量不得超过两斤,竹板必须全部刨光滑。打的部位只能是臀部,这个地方肉比较厚,不容易打伤。尤其关键的是规定行刑的时候只能一个人打,不可以轮换着打。这样行刑者从头打到尾就一个人,打到最后也累得手都抬不起来了,这样打两百下才不至于打死人。

另外一项是部分恢复宫刑,作为死刑的代替刑。有些罪名是要判死刑,然后允许罪犯选择执行宫刑,保全一条性命。司马迁就是犯了死罪,但是他选择了宫刑,他要把《史记》写完,写完了以后他就自杀了。复旦大学姚大力教授有一本书就是写司马迁的,他推测司马迁就是这样自杀的。

废肉刑的历史意义

汉文帝以及汉景帝的刑罚改革,具有深远的历史影响,在法律史上的意义极大。

首先，废除肉刑后，中国的刑罚制度一下子就改变成为以身体刑和劳役刑为主的体系，而且这次改革树立了"有期徒刑"这个概念，罪人只需要以他的一段时间的自由、一段时间的苦役来抵偿他对社会所造成的破坏。劳役刑都是有时间的，身体刑也是有限制的。原始的残害刑作为法定刑种就此退出了中国法制史。而在世界很多地方，残害刑遗留了很长时间。比如欧洲国家普遍是在18、19世纪之交时才开始逐步废除肉刑。在这之前，欧洲国家一直普遍施行残害刑，使用很普遍的是在罪人的身体上打上烙印。还有剪刑，用剪刀在罪人身体上肌肉比较厚的地方，比如腿上或者肩膀三角肌这个地方，剪一个V字形的口子，根据法官的判决，在这个口子里面灌入辣椒水甚至是融化的铅液，造成罪人极度的痛苦，还残留下一个深深的伤疤。汉文帝改革刑罚制度是在公元前167年，欧洲的废除肉刑则要到18世纪末，也就是说在废除残害刑这项刑罚的文明指标上，中国要比欧洲领先了两千多年。

其次，淳于缇萦的申诉和汉文帝的改革诏书都突出一个思想，就是刑罚应该考虑到罪犯将来能够重新回到社会。处罚一个罪人，目的是要把他教育成一个平常的百姓，能够改恶为善，改过自新，把他心目中的那个做恶念头改掉。这种教育刑的观念，也要领先欧洲两千多年，欧洲一直到19世纪才开始出现类似的思想。

汉文帝这次刑罚改革的最后一个意义，就是为新的刑罚体系奠定了基础。以后中国历代的刑罚法定刑，就是劳役刑跟身体刑为主，到了公元6世纪的时候，中国的法定刑已经成为全世界最文明、最人道的法定刑。

隋唐以后的五刑体系

隋文帝像

经过三国两晋南北朝的演变,到了隋朝统一中国,隋文帝下令制定律典,全面梳理了汉文帝刑罚改革以来的刑罚制度,建立了新的"五刑"体系。唐朝的法律对之稍微加以修改后,继承了这个"五刑"刑罚体系,并为以后两宋、明清法律所沿袭,号为"正刑",成为绵延一千三百多年的法定刑罚体系。

这个新的五刑体系,设定笞、杖、徒、流、死五种主刑,又划分为二十个等级,一共是五刑二十等。

笞刑,使用荆条抽打罪犯的臀部以及大腿部位。每十下为一等,从笞十下一直到笞五十,分为五等。

杖刑,也是使用荆条抽打罪犯,不过抽打的部位扩大到罪犯的背部、臀部、腿部,也是每十下为一等,从杖六十到杖一百,分为五等。

徒刑,罪犯被关押在当地的监狱,为当地官府服苦役。每半年为一等,从徒一年到徒三年,分为五等。徒刑最高也就是三年,号为"满徒"。

流刑,将罪犯押送到远方服役一年后,在当地落户居住。从流二千里到流三千里,每五百里为一等。分为三等。如果被判处徒刑,为本地政府做苦役最多要做三年,流放到外地去的话,为官府服役只做一年,但这个刑罚算是仅次于死刑的最重刑罚。

清刊《金山保甲章程》中对女犯施行绞刑的情形

《点石斋画报》所绘对男犯施行绞刑的场景

《点石斋画报》所绘斩首场景

死刑只有两等，绞和斩。需要注意的是，中国传统的绞刑，是用短棍绞紧套在罪犯脖子上的绳圈，使罪犯窒息毙命，并不是将罪犯吊死。斩就是斩首。

"五刑"的隐喻

隋唐开创的这个五刑体系，是当时世界、也是之后的一千多年间最人道、最文明的法定刑体系。这个体系本身就体现了很多的文化含义。

首先，为什么主刑要定为五种？我们把目光移开，看看汉语对于我们所面临的自然界及人类社会，有多少以"五"命名的词语。比如世界的本源，我们归纳为"五行"，金木水火土。大地的方位，我们概括为"五方"，东南西北中。我们的脸上有"五官"，我们的身体有"五脏"，我们看到的有"五色"，我们听见的有"五音"，我们的食物是"五谷"，如此等等。我们在归纳、概括事物的时候，总是习惯以"五"命名。"五"原来就是满掌之数，古人屈指计数留存在我们的记忆之中，因此赋予"五"这个数字具有"全部""具备""圆满"的抽象意义。所以，刑罚的种类为五种，前三刑各分五等，后两刑加起来正好也是五等，就是这种文化的体现。

其次，为什么徒刑最高是三年？这也是一种文化现象，"三"本身也有"多"的意思，判处三年也就寓意多年的意思。另一方面，中国从汉朝开始就形成了一个朝廷经常进行大赦的传统，汉代平均两三年大赦一次，到了南北朝时，几乎一年多一点就大赦一次，唐宋依然沿袭这个传统，平均每一年半左右就要大赦一次。在这样频繁的大赦背景下,将一个罪犯判处三年以上的徒刑实际上是没有意义的。

再次,为什么流刑最高是三千里?熟读古诗的读者都知道,在古诗文中,"三千"被赋予"极多""极高""极远"的含义。那么同样,将罪犯流放到"三千里"外的地方去,也就是"极其边远"的意思。

最后,为什么死刑是两种?在隋唐之前各个朝代,死刑都有多种,是隋文帝一举将死刑减少为两种。这也有数字的隐喻在内:二是最小的"阴数",死刑是"阴刑",所以用最小的阴数,来表示圣人"好生恶杀"之意。

总体来说,这些刑罚即使放到现代来看,它所造成的痛苦好像还是一般人能够忍受的,那么刑罚的惩戒、威慑作用何在呢?这就需要文化人类学的解释了。从文化人类学的角度来看,刑罚的威慑力来自它对受刑人所造成的痛苦,其中心理痛苦更甚于肉体痛苦。肉刑所造成的肉体痛苦是沉重的,但是也要注意它对于心理所造成的痛苦:身体上永不磨灭的创伤提醒受刑人违反了最基本的孝道,从而被祖先抛弃;身体上打上的异族记号,也就被部族抛弃。隋唐的"五刑"体系更着力造成对受刑人的心理打击:对身体的责打也是对于"身体发肤,受之父母,不敢毁伤"这一最基本孝道的打击;流刑的设计完全针对的是"父母在,不远游"以及"不去父母之邦"这些价值观念;甚至在死刑中,能够保留全尸的绞刑比身首异处的斩首轻一等,也基于孝道的因素。实际上唐代法律明确规定,五品以上官员犯死罪被处死时,可以用上吊来代替行刑。

作为对比,我们可以看到,欧洲古代刑罚也是基于欧洲的文化价值观念。比如在欧洲中世纪,将罪犯吊死是最重的死刑,因

欧洲中世纪将罪犯吊死的场景

为那就是和出卖耶稣的犹大一样的死法，死后的灵魂将永无可能从炼狱逃脱。相反，斩首处死则被认为是可以接受的，是贵族乃至国王的死法。

"闰刑"的添补

隋唐创建的"五刑"体系是当时世界上最轻的法定刑，不过统治者很快就发现，针对价值观念设计的刑罚制度，收效比较缓慢，在社会秩序混乱的时代，统治者还是更愿意相信法家的重刑威吓。因此唐末五代时期，法定刑的"正刑"保持不变，但又有所谓的"闰刑"（闰，就是不正常、非正规的意思）。

唐末五代将相当数量的徒刑、流刑罪名的处罚改为"脊杖"，就是用竹板集中责打罪犯的背脊，号为"折杖法"。后来又将经过了脊杖的罪犯，在其脸上刺上所属部队的番号，驱使罪犯当

宋人壁画中的脊杖场面

兵。这些都集中反映到北宋时期的法律里。脊杖加"刺字配军籍",合称"刺配"。

另外一个残酷的刑罚也是在五代时期形成的,就是臭名昭著的"凌迟"。采用小片割肉、逐步扩展,让罪犯缓慢而痛苦地死去。后来历经元明清各代,都一直作为正刑之外的"闰刑"而存在。元代法律有九项罪名要处凌迟,明代法律增加到了十三项,清代法律增加到了二十二项,一直到清末才废除。需要注意的是,让罪人缓慢死亡的酷刑在古代世界很多国家都有过。比如古罗马时代的钉十字架,将罪犯钉上去后,一般要在一两天后罪犯才会气绝。欧洲中世纪的桩刑,将木桩打入罪犯的身体,然后将木桩树立起来,罪犯也要几个小时后才毙命。

历史记载里明确的"刺字",是南梁的时候,凡是因抢劫而被判处死刑、恰逢大赦被赦免死刑的罪犯,在脸上刺上一个"劫"字,判处终生苦役,不得释放。这可以说是一种重犯标识,本身还不算一种刑罚。宋代为了识别罪犯,首犯盗罪的,在罪犯的左耳后刺一个环形标记,二犯刺在右耳后,三犯刺在脖子后。元代开始正式将刺字作为盗犯的附加刑,所有的窃盗、强盗罪犯,首犯在左小臂内侧刺上一寸见方的"窃盗"或"强盗"字样,二犯刺在右小臂内侧,三犯刺在脖子后面。明清法律沿袭这个制度。一直到晚清咸丰年间社会秩序混乱,才有将罪名直接刺到脸上的。"刺字"的惩处也是在清朝末年被取缔的。

也是从元朝开始,法律规定所有的徒刑、流刑罪犯在开始服刑前都要先处以杖刑。明清法律规定,徒一年附加杖六十,以上

《水浒传》插图中的凌迟王庆

递加，至徒三年附加杖一百。流刑三等，一律附加杖一百。

明代还开创了一种"闰刑"，就是"充军"。明朝实行世袭兵制，定为军户的户籍，子孙世代当兵。军户无子才除去兵役。为防止军户减耗过度，明初就规定触犯某些罪名的罪犯，在正常处刑后，要处以"充军"，充当军户。后来这种罪名越来越普遍，成为常用的刑罚。理论上充军要重于流刑，因为流刑罪犯在朝廷大赦后可以还乡，但充军的军户不可返乡。清代沿袭，并且在充军之上又创设一种"发遣"，将罪犯发遣到边远地区，给驻防的八旗官兵做奴隶，是仅次于死刑的重刑。

还有一种不在五刑之内，却在历代司法实践中运用极为广泛的"闰刑"，就是给罪犯戴上木枷示众受辱，这在唐宋时叫"枷项令众"，在明清叫"枷号"。这主要是用来对付一些欠缴税款、扰乱秩序、小偷

《水浒传》插图中的雷横受枷号处罚

19世纪晚期外国游客拍摄的受枷号的罪犯

小摸、风化奸情之类的轻微犯罪。一般判处枷号为十天半个月，也有长达三个月的。

本讲小结

秦汉以前的中国传统刑罚体系是以"肉刑"为主的残害刑体系，公元前167年，以淳于缇萦为父鸣冤上书为契机，汉文帝下令推行刑罚体系的全面改革，一举废除了肉刑，开始建立以罪犯服刑后能够回归社会为目标的身体刑、劳役刑为主的刑罚体系。

历经三国两晋南北朝，在隋朝初年，隋文帝主持下制定的《开皇律》，设立了新的笞、杖、徒、流、死"五刑"体系。唐代继承并稍加变动后，这一"五刑"成为正式的法定刑体系，历经宋元明清各代而不替，被称为"正刑"，是19世纪中叶前全世界范围内最文明、最人道的法定刑罚体系。

第八讲 "抓大放小"
——刑事政策原则

扫一扫
观看本讲视频

中国古代有个一以贯之的刑事政策传统总原则,我们可以将之概括为"抓大放小"。不是所有的罪名都一定要严惩追究。刑事政策一方面要打击对象,针对一些重罪要处刑极重,以增强威慑的效力;另一方面,百姓容易触犯的大量的轻罪罪名,处刑就可以放宽,处罚相对要轻得多。当然,世界上古代各个国家的法律都有重罪、轻罪的区分,但是中国传统法律文化对于重罪、轻罪的认定方法及其处罚原则则有着自己鲜明的特色。

"十恶"的来由

中国古代最重的罪名就是"十恶"。鲁迅先生曾经讲中国人什么东西都喜欢凑一个十,最大的罪状也叫"十恶"大罪。

"十恶"完整概念的形成比较晚,是到了隋朝的时候才定的,但是其中所包含的重罪罪名在战国秦汉时期都已经具备了。比如我们现在可以从湖北云梦睡虎地秦墓竹简中看到秦国的法律,那时"不孝"已经是极其严重的罪名。只要父亲去告儿子不孝,不用旁人证词,也不要通过惯常的程序,官府必须立刻按照父亲的请求，把他所指控的那个对他不孝的儿子，马上抓起来审问。而且看起来，被父亲状告"不孝"的儿子肯定要被处死。另外，"谋反"，也就是图谋反对皇帝、谋害皇帝，也是战国以来一项最重的罪名。

在北齐制定《北齐律》的时候，就把不得宽大处理的重罪列为十项，叫"重罪十条"。后来到了公元583年，隋朝的《开皇律》将之正式定名为"十恶"，之后历代都沿袭不改。

"十恶"的后果

把法律所重点打击的十大类犯罪概括起来，带上一个帽子叫"十恶"，那么，触犯了"十恶"会有什么后果呢？

触犯"十恶"最重要的后果就是不可被赦免。触犯这些罪名之后，即使皇帝宣布进行赦免，这些罪行也不能获得赦免，罪犯仍旧被关押，仍旧被处罚。所以，现在留下的一句俗谚叫"十恶不赦"，说的就这个道理。在今天的中国宪法里面没有大赦，只有国家可以发布特赦的规定。可是古代中国正好相反，朝廷会定期发布大赦令，赦免天下所有的罪犯，免除追究处罚。平均每三五年就会大赦一次。而且，皇帝针对个别对象还可以发布特赦，针对个别地区还可以发布"曲赦"。正因为赦免罪犯的途径太多，所以要在法律里特别规定一些绝对不能赦免的罪名，以防止刑法失去威慑的效力。当皇帝发布了赦令以后，其他人的罪名都被取消了，不再关押，不受处罚，而犯了"十恶"的人仍然被关押，仍然要处罚，反而凸显了处罚的力度。

触犯"十恶"的第二个后果，就是一般来说，处刑比较重，但也不是都要砍头。"十恶"是十类犯罪，每一类大概包括了很多的罪名，少则几个，多则几十个，判处死罪的一半都不到。有的不过是个徒刑或笞杖刑的罪名。比如说"不孝"中的"别籍异财"，即未经父母允许就搬出去自己过，"别籍异财"者，唐宋时判两年徒刑，到了明清的时候，只不过是杖一百。

触犯"十恶"的第三个后果，特权阶层不得享受特权，什么"八议""上请"，做官的、贵族如果触犯了"十恶"，原来能够享受的那些免刑特权全部被取消。

对"忠"的保护

我们在第一讲就已经说过中国传统法律文化是一种多维的、立体的规范体系，所以，"十恶"犯罪触犯的不仅仅是法律，而且是比法律范围大得多的传统伦常。中国传统法律文化中最重要的伦常概念，就是忠、孝、义这三大项。"十恶"分为十大类，包含数百个具体的罪名，其重点就是触犯了这三项基本伦常的犯罪。

"忠"就是任何臣民都必须忠于皇帝，所以，凡是有点反抗、侵害的念头，或者主观上虽然没有侵害意图，可是行为后果却危害到皇帝，都构成了最严重的犯罪。这在"十恶"里分为四类：谋反、谋大逆、谋叛、大不敬。

谋反从严格意义上讲，就是企图谋害皇帝。谋大逆具体来说是三项罪名：企图破坏皇帝的陵墓，企图破坏皇帝的宫殿，企图破坏皇帝的宗庙。谋反、谋大逆的处罚是一样的，所以合称谋反大逆。仅就法律字面意思而言，只有这四项具体罪名，可是实际外延大得没有边际。法律上规定的这四个具体罪名，实际上只是象征性的，谋反大逆的指向是保护皇帝的权威和皇帝的安全，只要是故意破坏皇帝的权威和皇帝的安全，都可以被定罪为谋反大逆。

比如说，清朝时著名的"文字狱"，抓了很多的读书人，说他们在诗文里讽刺清朝，或者以古讽今，或者漫画式地写了一句被认为诽谤的话，甚至最极端的案子，只要把"大清"这两个字倒过来写，就构成文字狱。那么所有的"文字狱"在处理时援引哪条法律呢？法律上根本没有文字写了此类犯罪的条文，就我所看到的《清代文字狱档》里所有的案件，全部都引用的是这条"谋大逆"。"文字狱"的这些文字怎么就和破坏皇帝宗庙、破坏皇帝陵墓、破坏皇帝宫殿联系在一起了呢？因为谋反大逆这组罪名，实际上保护的是皇帝权威，把"大清"两个字倒过来写，就是藐视皇帝、藐视朝廷，所以要按照"谋大逆"来判刑。

谋反大逆的处刑非常重，唐宋法律规定罪犯"皆斩"，全部被砍头。明清法律则加重到"凌迟处死"，大功亲以内所有成年男子，全部被砍头。不满十六岁未成年男子以及全部女性进入宫廷做奴婢。都说中国历史上的法律残酷，主要表现在这个罪名上，因为涉及面实在是太广了。

第三个谋叛，就是图谋叛变，包括投奔外国，投奔"伪朝"，以及"啸聚山林"，不听从官府召唤，等等。谋叛罪的处罚也非常重，本犯都要被处死，连坐的亲属范围，一般就是父母、妻子和子女，全部被流放。

以上这三个号为"三谋"，排在"十恶"的最前面。"大不敬"排在"十恶"第六。大不敬是保护皇帝个人人身安全及其尊严。这里面包括了十几项罪名，比如为皇帝配药没有按照药方，给皇帝烧饭犯了禁忌,给皇帝造的车、造的船有质量问题,对皇帝派出的使者(来传话的太监)没有礼貌,等等,也全都是死罪。不过除了"指斥乘舆"(骂皇帝)以外,这类罪名一般老百姓犯不着,因为普通百姓没有这个机会也没有这个资格去给皇帝造车造船、配药烧饭。

对"孝"的保护

"十恶"中保护皇权的有四类,相应地保护家长权,也就是保护"孝道"这个伦常的也是四类。

第一个叫"恶逆"。被视为最严重的犯罪,排在"十恶"之四,也就是"三谋"之下。恶逆就是公然的反抗家长,包括殴打家长、谋杀父母,或者杀死叔叔、伯伯、姑姑、大哥、大姐,也就是期亲尊长,等等,包含了十几个具体的罪名。还包括妻子打死丈夫、妻子谋杀公公婆婆,等等。恶逆也是判得非常重,唐宋法律是皆斩,明清法律也加重到凌迟处死。

第二个叫"不孝"。排在"十恶"的第七。不孝是极其广泛的罪名集合。比如告发父母,唐宋法律规定,父母即使犯了杀人罪,儿子去告发的话,先把儿子处绞刑。咒骂父母,骂一句"老不死的",不孝罪名即成立,判处绞刑。"供养有缺",不能满足父母的欲望,父母想吃香喝辣,你不愿意满足,判两年徒刑。但是法律又有个注解,仅限于条件能够实现的,否则罪名不成立。到了明清觉得这个太过分了,改为杖一百。还有祖父母、父母在,别籍异财,要闹分家的。还有今天看来匪夷所思的"闻父母丧匿不举哀",听说父母去世,没有立刻痛哭流涕、号啕大哭,不孝,流两千五百里。怎么可能?实际上,这条是专门针对官员的,官员父母死了,必须立即请假奔丧,强制性的丧假,守丧三年。非常遗憾的是,这是不带薪的丧假,服丧期间,俸禄补贴一概没有。所以,很多官员有匿丧的动机。

第三个是"不睦",排在"十恶"的第八。不睦是亲属之间的人身侵犯,包括了几十项具体罪名,如兄弟打架、堂兄弟打架、互相谋害、叔叔伯伯把侄子卖掉、父母把儿子卖掉把女儿卖掉、针对近亲属的遗弃和殴打,如此等等。家族内部不和睦行为构成不睦。

第四个是"内乱",排在"十恶"之末。内乱是指家族内部的性犯罪。主要是指家族内部发生乱伦的性关系,诸如兄妹之间、堂兄妹之间或者叔嫂之间的乱伦性行为,一般都要判死罪。

对"义"的保护

"义"是基于平辈关系的伦常,彼此没有忠君、孝道那样的严格的上下级分明的关系。它依据的不是血缘关系,而是拟血缘的关系。我们是朋友,朋友之间要讲"义"。因此,"义"是一个很广泛的概念,用法律来严格地区分边界,明确处罚,并不是一件容易的事情。因此"十恶"中只有一条"不义",而且排在第九的位置。

不义包含了几个具体的罪名。一个是老百姓杀死长官、士兵杀死指挥官、学生杀死老师,等等。这种重罪的设定实际上也可以从政治的角度、从对抗朝廷政治代表的角度来加以处治,但是古代立法者将之归并到违反义的行为里,也是耐人寻味的。

不义还包括的一个罪名是,妻子在丈夫去世后,未曾给丈夫守丧,马上就换了衣服改嫁,这也构成不义。但不是处以死刑。这个也可以从对家长权的尊敬来解读，但仍被古代立法者编入了不义。

"不道"的设定

伦常是中国传统法律文化规范"天网"的重要内容，但还不是全部。"天网"还有一个更大的结构，那就是"天道""天理"，即自然界与人类社会的总规律。"十恶"中也特意为触犯这个根本性的规范设定了一类罪名，那就是"不道"，排列在第五位，仅次于"三谋"及"恶逆"。

不道，就是被认为伤天害理，违反了最基本的天道的罪行。包括了十多个我们今天称之为"恶性犯罪"的罪名。比如非常残忍的暴力犯罪，把人杀了不算，还砍成一块一块的碎尸案件；杀一家三口而其中并没有犯有死罪的人。还有阴毒的犯罪，比如采用巫术手段谋害他人，采用诅咒、驯养毒虫之类手段害人。法律也明确规定，行使巫术行为与受害结果之间找得到因果关系的，才能够定罪。

"以孝治天下"

那么，中国传统法律文化的核心利益究竟是"忠"还是"孝"？一般都说忠孝并重。我们看"十恶"的设定，很明显也是并重：保护君权的是四类，保护家长权的也是四类。可是仔细分析一下，"三谋"以及"大不敬"设定的都是禁止性的消极义务，只要不作为就不构成犯罪，并没有设定必须要积极为皇帝献身之类的义务。"恶逆"也有很多的禁止性规定。但"不孝"设定有大量的积极义务,不积极作为就会构成犯罪,比如子女未能遵从教令、供养父母有缺、未能举哀守丧,等等。所以,实际上法律对于"孝"的要求比"忠"更高。在普及性的礼教宣传中,也有所谓"百善孝为先"的说法,"孝"排到了伦常的首位。

世界上没有一个民族的文化是不提倡孝的,只是孝顺父母一般是整个伦理体系的一个组成部分。而中国传统法律文化是把"孝"作为整个伦理体系的终极理念,当作终极核心价值观念,整个法律也围绕"孝"来设立。

忠和孝的连接点,实际上是一个既得利益问题。中国传统法律文化并不讨论朝廷的合法性问题,任何成功获取政权的力量,都可以宣称自己得到民心拥护,得到天命。因此,保护皇权就是维护朝廷的既得利益。同样,做家长、养育子女后代,实际上是人类作为动物的一种本能行为,任何一种动物,尤其是包括人类在内的哺乳动物,都要生育并抚育自己的后代。"养不教,父之过",但这个"过"只是道德层面的,法律并不追究养了而不教的父亲,父母可以卖儿卖女而不受追究(理论上是触犯了不睦罪名),甚至于存在一些极端的事例,比如父母为了供养祖父母,将自己的孩子活埋,居然还能成为道德楷模,列入"二十四孝"。不管家长做得怎么样,哪怕是整天游手好闲的无赖、无所事事的懒汉,但只要他是家长,他的子女就必须要侍奉他,服从他,满足他的欲望。子女有违抗的时候,家长可以依靠公共强制力,到衙门里状告子女不孝,要求惩处。俗谚说"天下没有不是的父母",父母永远是对的,父母永远不会犯错。因此,保护家长权也就是维护家长的既得利益。

《论语·学而》就曾引孔子的学生有子的话:"其为人也孝

"二十四孝"之"郭巨埋儿"

弟,而好犯上者,鲜矣;不好犯上,而好作乱者,未之有也。"我们现在一般是顺着这个说法解释,提倡了孝道,就可以减少社会上犯上作乱的行为。可是仔细想想,实际上这说法不对。很多人很孝顺,但是照样犯上作乱。如《水浒传》里的梁山好汉,个个都是孝子,可是他们啸聚山林,犯上作乱。也有人说,在家孝顺父母,在外就能效忠朝廷。这个说法也有疑问,俗谚说"自古忠孝难以两全",大家都明白这是一个两难的问题。

  从汉朝开始的历代皇朝都号称"以孝治天下",并不在法律上设定百姓效忠本朝的积极义务,而是把孝置于首位,这出于非常简单的理由:朝廷这样作法律设置,就是让天下所有的父母都享有既得利益的感觉,愿意维护朝廷的统治。所以,无论是外族入侵还是政变上台,或者造反者的皇朝,都要沿袭原有的法律,宣示维护家长权力,最大限度地在社会推广既得利益的感觉,从而大大减少统治的阻力。尤其是家长的这种既得利益感还可以代代相传,绵延不息,成为维持社会稳定的重要因素。

"杀人偿命"

除了"十恶",在中国传统法律文化中被视为最严重的犯罪,就是杀人罪,这是很早以前就形成的刑事原则。战国时代的思想家荀子就提出:"杀人者死,伤人者刑,是百王之所同。"杀人偿命是普遍性原则。民间俗谚"杀人偿命,欠债还钱",也将这个原则认定为天经地义,理所当然。

历代的律典都将人命案件作为立法重点之一,详细区分了谋杀、故杀、斗杀、误杀、过失杀、戏杀这样几类。谋杀就是预谋杀人,有预谋并有所准备的,就要判处徒三年,造成实际伤害的处绞刑、被害人死亡的处斩首。故杀是没有预谋,临时起意杀人,也要判处斩首。斗杀是双方在斗殴中导致一方死亡,加害人也要判处绞刑。误杀是指侵犯对象错

《点石斋画报》所绘县官到命案现场检验尸体的场景

误，杀错了人，同样也要抵命，处死刑。过失杀、戏杀是因为过失或者游戏中发生事故而导致他人死亡，判处死刑后，罪犯可以通过出钱赎罪来免除刑罚。

很多国家与中国传统法律文化的观念不同，比如欧洲中世纪，在很长一段时间里，将人命案件作为私人之间的债务来处理，只要被害人愿意接受，可以用赔钱的办法来解决问题。接受了赔偿的"血金"，被害人就不能再寻求复仇。不愿接受血金的，双方就可以复仇不已。

一碰就死的强盗罪

据说李悝在起草《法经》时认定："王者之政莫急于盗贼。""贼"在宋代以前一直是作为暴力犯罪的统称，可见李悝把"盗"视为最严重的犯罪。不过在秦汉的法律里，我们看到只有强盗罪才是法律严惩的重点。

根据湖北江陵张家山汉墓出土的汉律，凡是"群盗"（中国古代凡三人以上称群）、盗窃时被人发现后改为暴力抢劫打伤人的、捆绑他人抢劫的、强行勒索的、盗墓的，都属于加重的"盗"罪，全部被处以"磔"，即对罪犯实行碎尸。这很可能就是秦朝传下来的法律。

在唐朝法律里，强盗罪仍旧是判刑最重的，"强盗不得财"，没有抢到东西，也没有伤人的，判两年徒刑；得到的赃物价值一尺绢帛以上的，判三年徒刑；赃值十匹以上者判处斩首；伤人的处绞刑。而且唐律明确强盗行为就是"加威势下手取财物"，使用暴力相威胁的，就是强盗。如果持有武器的，不得财流三千

外国人所绘晚清枭首示众情形

里,赃满五匹以上者绞,伤人者斩。

明朝法律则加到极限,明律明确规定,强盗只要抢到了财物,所有参与者"皆斩",全部被砍头。没有得到财物,但是伤人的,也是皆斩。没得到财物,也没有伤人的,杖一百,流三千里。清朝再加重,在交通要道抢劫的,判处死刑后,把罪犯的脑袋就悬挂在案发现场,这叫作"枭首示众"。

一分为三的受贿罪

官僚制度可以说是中国古代的第五大发明,因此,对渎职行为的处治也很早就成为中国传统法律文化的重要内容,立法者将官吏渎职行为视为破坏统治秩序的重罪,予以严厉打击。法律对于渎职罪的区分极其细致,比如至晚从秦汉开始,官吏受贿罪就分为三种。

第一种受贿罪,是"受财枉法",官吏接受贿赂以后,违背法律做出行政决定或司法判决。这个罪名的处刑堪比强盗罪,唐律规定强盗罪赃满十匹处绞,受财枉法赃满十五匹也要判处绞刑。明清律改为官员受财枉法,赃满八十贯处绞刑;"无禄人",就是今天讲的受政府机关委托执行公务的人,即书吏衙役一类,赃满一百二十贯绞。

第二种受贿罪，是"受财不枉法"，官吏接受贿赂，但是查不出有做出违法处分或裁判的事项，这个就没有死罪，最高刑罚是流三千里。

第三种受贿罪，是"受所监临"，就是官员接受了直接下属的礼物，没有做出违法事项的决定，这个也没有死罪，最高判刑流二千里。这种罪行在明清律被合并到"受财不枉法"的罪名里去了。

另外一种渎职罪，"监守自盗"，就是今天的贪污罪，也判刑很重。比如唐律规定，监守自盗，按照得到的赃值，比照盗窃罪加重两等处罚，赃满三十匹绞。明清律进一步加重，规定监守自

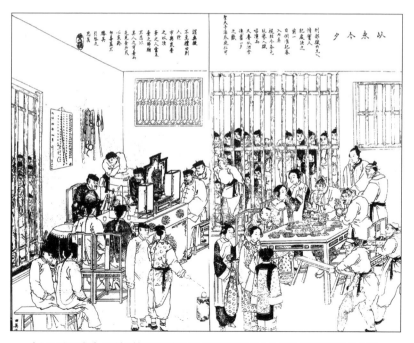

《点石斋画报》所绘刑部死囚牢在执行死刑前夜允许死囚罪犯夜宴的场景

盗赃满四十贯处斩首。

渎职罪的这些区分表现出中国古代立法者已经具有我们今天所说的"犯罪客体"的概念。受贿罪侵犯的实际上是不同的社会关系：受财枉法、监守自盗直接侵犯了朝廷的统治秩序，危害到朝廷的统治，所以不惜以死刑严惩；受财不枉法、受所监临，只是间接地对统治秩序造成潜在的危害，因此可以网开一面。

轻罪轻罚

中国传统法律文化将侵犯伦常的"十恶"、侵犯统治秩序的人命、强盗、渎职视为最严重的犯罪，予以严惩。其他的犯罪则都被认为是轻罪，轻罪的处罚就相当宽松。

比如盗窃罪，中国古代叫"窃盗"，与强盗对称。强盗罪一碰就是死，但是窃盗罪在古代律典里，从来没有死罪。比如以重刑闻名的秦律，我们看湖北云梦睡虎地秦墓出土的秦律，规定五个人一起偷东西的，得赃一个铜钱以上，五个人都斩左趾，黥为城旦，把罪犯左脚的前脚板砍掉，然后毁容后去造长城；不满五个人的，盗赃超过六百六十个铜钱的，把每个人鼻子都割掉，毁容之后去造长城。秦国的法律规定十一钱、一百一十钱、六百六十钱这三个档次，不满十一钱的为数额轻微，可以不处罚；一百一十钱的为数额较大，要判处笞刑；一百一十钱到不满六百六十钱的为数额巨大，要判罚去筑造长城；六百六十钱以上就是数额极大，最多也就是如此了。当时大概六个钱是一天的伙食费，盗赃超过了相当于一百一十日的伙食费的数额也没有死刑。而且这是中国号称刑罚最重的朝代。

汉朝法律减轻了处罚，盗赃满六百六十钱以上，黥为城旦舂，跟秦代相比，少了割鼻子的处罚。我们再看《唐律》的规定，盗窃罪最高刑就是加役流，到三千里以外的地方为当地政府苦役三年，然后就在当地落户。明朝法律规定盗窃官府财物，赃满八十贯绞。但是普通的盗窃罪，赃满一百二十贯以上，杖一百，流三千里。当时一两银子勉强吃素可以吃一个月。清朝的条例规定，窃盗赃满一百二十两以上，绞监候。就是判绞刑，但是并不一定真的执行死刑，要看当年秋天秋审的时候作出最后决定。如果是因贫生盗，活不下去偷了点东西，一般不会执行死刑，缓刑几年减等发落。因孝生盗，比如为父母患病去偷一个药材，就绝对不会被处死。

在地球另一边的欧洲国家，从古希腊罗马开始，盗窃罪就一直是有死罪的，而且盗窃罪死刑的起点非常低。一直到鸦片战争爆发前二十年的1820年，在英国，盗窃赃值只要满了一先令，就是死罪，处以绞刑。一先令值十二便士，一个便士勉强可以买一个人一天食用的面包，也就是偷窃相当于十二天的伙食费就要被处死，比中国秦朝的法律要严酷几十倍。而且英国当时的刑事责任年龄是七岁，中国历代除了杀人罪等重罪，窃盗罪的处刑年龄都是十五岁。

所以，欧洲历史上窃盗一直是被当作重罪的，欧洲历史上也从来没有哪一本小说敢说小偷好话的。一直到1837年狄更斯写《雾都孤儿》，还是要声明，小偷的未来，无论往哪个方向看过去，他们的前途只有黑沉沉、乌黑乌黑的绞架。后来英国才改良法律，规定小偷可以不处死刑，改为流放到新西兰或者澳大利亚。我们拿地球仪看一下，英国跟新西兰正好是处在地球最远的两个地方，所谓的对跖地，脚跟对脚跟的地方。如果被流放的罪犯潜逃回英国，那仍然处绞刑。狄更斯另一部小说《远大前程》里，小孩匹普救了一个逃犯，那个逃犯后来资助他上了大学，成为上等人。那个小偷为了回来看一下匹普，他培养的一个上等人，冒险回到英国，结果确实看到了匹普，但也就此被捕。狄更斯为了表扬这个有良心的小偷，所以让他病死在监狱里，而逃过了上绞架的厄运。

奸非和重婚

另外一类罪名也是中国传统法律文化视为轻罪，而在近代以前的欧洲当作重罪的，那就是不道德的性行为。

很多人都认为，中国古代的性禁忌非常严厉，不是直到今天还流行"万恶淫为首"的俗谚吗？实际上，这句俗谚是清朝人王永彬在《围炉夜话》里写到的，形成时间很晚近了。根据这句俗谚，不道德的性行为肯定应该被处以重罪了，可是事实恰恰相反，中国古代这个罪的处罚是很轻的。

中国古代法律确实把不道德的性行为列为犯罪，称为"奸"罪或"奸非"罪。其中强奸罪一直是作为重罪处治的，但是双方合意通奸，无论是婚前还是婚后，判处都不算重。唐律规定徒二年，明清律只是杖一百。但在欧洲中世纪，婚前性行为就要处死刑。男性同性之间的性行为，中国古代法律甚至都没有明文规定，明代才制定了一条条例，比照以污秽物灌人口鼻处刑杖一百。而欧洲一直到20世纪，仍然将此作为重罪。

另外一个也与之相关的，是重婚罪。中国古代叫作"有妻更娶妻"，也是一个非常轻微的罪名，唐律只是判一年徒刑，明清律减轻为杖九十。前婚愿意保留,保留前婚,后婚取消,反正后婚是不能够维持的。但是在欧洲国家,重婚罪都是死罪,而且是非常严重的死罪。我们看夏洛蒂·勃朗特的小说《简爱》,罗切斯特要和简爱结婚,他的妻弟梅森在教堂阻止了婚礼的进行,后来罗切斯特感谢了这个小舅子,感谢梅森"把我从重婚的恶罪里面挽救了出来"。因为重婚罪判得很重,要凌迟处死,甚至中世纪时,重婚罪在欧洲很多国家是要处剥皮刑。而且犯这样的重罪,没有牧师会愿意在罪犯行刑以前给他做忏悔,这是不可赦免的罪过。

"抓大放小"的意义

我们已经说明中国传统法律文化在刑事政策上的突出特点,就是"抓大放小",历代法律在罪名设置上突出维护"伦常"大事,也就是着力维护君权、家长权的重点,以及着重维护统治秩序,认定杀人、强盗、官吏渎职是对统治秩序危害最大的犯罪。相反,对于窃盗、奸非、重婚之类的罪行,则当作轻罪来处理,减轻刑罚。

我们已经对比了不少欧洲古代、中世纪的法律,很明显,欧洲古代国家法律所认定的重罪与我国不同,在欧洲,盗窃罪一直被认定为最严重的犯罪,必须要以死刑来处罚。原因并不复杂,欧洲传统法律文化是建筑在私有财产制度的基础上,私有财产神圣不可侵犯,有财产,国家就保护你,法律就保护你,谁碰你的财产,国家就处死他。这样的传统也在社会上推广了一种既得利益的感觉,无论是谁,只要有了私有财产,就可以得到法律所代表的国家权力的保护,由此获得既得利益感,从而支持这个法律体系，愿意遵守这个法律体系。

中国传统法律文化的路径与此不同。中国传统法律文化是建筑在家长权基础上的，只要是家长，国家就保护你，法律就保护你，对家长有任何一点冒犯，国家就予以严惩。由此在社会上推广一种既得利益的感觉，一直深入到组成社会细胞的每个家庭内部。作为交换条件，家长也愿意维护朝廷的统治，愿意遵守朝廷的法律体系，支持改朝换代中胜利的一方重建这个法律体系。

另外，与欧洲情况不同的是，中国很早就建立起君主专制、中央集权的政治体制，皇朝的统治直接贯彻到基层，法律在能够扩散既得利益感觉的同时，还必须能够迅速地稳定统治秩序。由此维持统治秩序最重要的是严禁一切破坏公共安全的事件，人命、强盗案件就是最重要的指向。

尤其是作为朝廷统治机器的官吏群体，既是贯彻统治的工具，同时又要防止这个群体过度追求自身利益的最大化，因此渎职罪的设置，对于官吏群体的严格管理，自然也是法律的重点。我们看唐律，第一篇是《名例》即今天的刑法总则，第二篇《卫禁》就是保护皇帝以及国内关卡，第三篇就是《职制》，规定对渎职罪的处治。而明清律第一篇也是《名例》，第二篇就是《吏律》，概括所有对于官吏渎职犯罪的处治。我们不妨统计一下，唐律五百零二条，扣除名例的五十七条，在四百四十五条定罪量刑的条文中，以官吏为犯罪主体的条文达到了一百五十条，占到了三分之一，而针对民众的条文不过六十八条，仅仅占到百分之十五。明律中的比例也相仿，规定具体定罪量刑的四百一十三条中，以官吏为犯罪主体的条文一百六十一条，占到了百分之三十九，而针对民众的条文不过八十一条，只有五分之一。可见，治官之法也是大事之一。

本讲小结

中国传统法律文化中刑事政策的总原则是"抓大放小"。法律重点所指向的是重罪,包括违反伦常的"十恶",侵扰社会统治秩序的杀人、强盗犯罪,以及官吏的渎职罪。相反,对窃盗、奸非、重婚之类的犯罪行为,采取了网开一面的宽大政策。

"抓大放小"刑事政策总原则,反映了中国传统法律文化的基础是家长权和皇权,由此形成了与欧洲传统法律文化迥然不同的特色。

第九讲 "咬死不抵命"
——定罪量刑的通例

扫一扫
观看本讲视频

中国传统法律文化中有一个相当发达的门类,那就是刑事法律,无论是刑法理念、立法技巧都有很多领先于世界其他文明古国的内容。中国的法学家很早就设计出,刑法典也就是律典,需要有一个概括性的总原则,以及运用法律规定的具体的方法,我们将之称为定罪量刑的通例。这些相当于近代刑法典总则部分的条文,主要集中在古代律典的"名例"篇中,仔细分析可以看到至少有十几项。本讲就介绍其中最重要、贯彻全律而又最具特色的四个方面。

近乎荒唐的命案

我们举一个叫"咬死不抵命"的案子,就可以了解传统法律的一个原则。

这是发生在晚清苏州的一个案件。苏州人喜欢听评书,当时最流行的评书,就是《说岳全传》。《说岳全传》的评书艺人在讲评书时,会进行再创作。有个段子说岳飞被奸臣秦桧害死,另一个奸臣张俊也是迫害岳飞的凶手,后来岳飞的部下将张俊活活咬死。听众听得大为解气,纷纷叫好。于是说书艺人顺便发挥,将惊堂木一拍,说:"咬死不抵命。"这个说法便误导了听众:原来把坏人咬死是没事的。结果老百姓当中就流传开"咬死不抵命",这便成为一句俗谚,在苏州民间非常流行。

苏州原来一直是中国的手工业中心,其中有个全国少有的手工业行当叫金箔业,就是把黄金打制成薄如蝉翼的金箔,供寺庙、宫殿建筑装潢使用。很容易想象,这种手工业的市场极其有限,没有多少人家贴

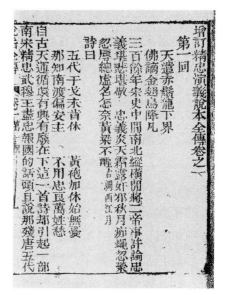

《说岳全传》,同治年间刻本

得起金箔。金箔本身原料很贵,还需要有专门的工具设备,需要精湛的技艺,打制加工的工期也很长。苏州城里的金箔匠相互之间组成了行会,严格规定价格统一,避免恶性竞争。也不准多带徒弟,防止教会徒弟、饿死师父的行业恶性竞争,也防止利用徒弟廉价劳动力的恶性竞争。所以,每一个工匠七年才能带一个徒弟,这个是行规。但是到了同治年间,经过几场大乱后,清政府有了个喘息期,朝廷要维修宫殿,派人来采购金箔。有一个工匠走了路子得到承包任务,然后宣称为了"上贡"朝廷,招了很多徒弟,还要求徒弟交"入门费",然后利用这些免费劳动力加紧生产。

这个工匠的所作所为惹了众怒,金箔匠们都认定他破坏了规矩,一起到他家去找他理论。言语不合,双方就动起手来,不知道谁喊了一句"咬死不抵命",金箔匠们就真的揪住这个坏了规矩的工匠,张嘴就咬。不一会儿,这个工匠就没了气息,大家一

哄而散。

出了人命案件，县官赶紧下令把当时到死者家的全部人员都抓起来，当场验尸，死者身上咬痕一百多处，也没有什么致命要害处的伤痕，谁先咬、谁咬得最狠最多也搞不清楚。记载这个故事的人叫陈其元，故事记在他的《庸闲斋笔记》里。这位作者做过官，文笔很不错，写到这里，他忍不住黑色幽默一把："即起死者问之，恐亦不能知也。"

从我们今天的眼光来看，这个工匠大概是惊恐万状，导致心肌梗塞而死的。那么，县官怎么处理这个案件？县官把金箔匠们分别审讯，要他们互相揭发，到底是谁先喊"咬死不抵命"的，然后就把那个先喊了"咬死不抵命"的工匠作为"斗杀人"首犯，判处绞监候。其他的工匠只挑了一两个与死者生前有过纠纷的作为从犯，判处流放，其余的全都释放回家。

"法不责众"

这个荒唐的命案处理是否符合清代的法律？答案是肯定的，因为清代的法律就是这样规定的。任何共同犯罪、群体性犯罪，包括两个人、三个人、五个人、十二个人或者群体性事件成百上千人，法律着重处罚的是首犯，其他的从犯可以比照首犯减轻一等。

这个法律原则受到儒家思想很大的影响。儒家的法律思想非常强调"首恶"这个概念。孔夫子唯一的著作是编年史《春秋》，他在这本历史书里隐晦地评论人和事，他的意思被后来的门徒们所总结，宣称《春秋》有一个重大的意思，就是对于共同犯罪"诛首恶"而已。谁先想出那个坏主意，谁就要受重罚，其他人是可以宽大处理的。

除了这个儒家理论上的渊源以外，还有个重大的社会现实考虑。陈胜、吴广起义几乎推翻了秦王朝，这个历史教训给后来的统治者的印象太深了。万一发生群体性事件，你要处罚所有的百姓，造成官和民的严重对立，很容易激发民众的反抗。

所以，汉朝以后的法律都明确规定，任何共同犯罪都必须区分首犯和从犯，只要这个法条里没有"皆"如何如何，那么这个罪名就一定要区分首从。比如谋杀罪，谋杀祖父母、父母的"皆"斩，那就是全部一样处罚，三个人参与的，三个人全都死刑。但是一般的谋杀罪，就要区分首犯与从犯。首犯是几个？首犯只能是一个，"首"就是脑袋，一个人只有一个脑袋，所以只能一个人承担，其他人全都可以宽大，减等处罚。首犯斩首，减一等应该是绞刑吗？完全不是。凌迟处死、斩首减一等就变成流三千里，流三千里再减一等就变成徒三年。在中国古代法律里这叫"二死三流同为一减"，所以，一生一死差别很大。

那么，首犯该怎么来确定？汉代以后的法律都规定，造意犯为首犯。谁想出那个犯罪主意的，就是首犯。如果是一般的斗殴伤害案件，要检验中找到致命或致伤的伤痕，判定造成那个伤痕的"下手重者"为首犯；但如果无法检验出致命伤痕，仍然以造意犯为首犯。前面这则苏州奇案里为什么把那个喊出"咬死不抵命"的人拉出来抵命？就是因为他出了这个主意，其他的人就可以比照减等处罚。

至今中国民间非常广为人知的一句俗谚"法不责众"，就是在这样的传统法律文化的影响下形成的。"众"就是三个人以上，三个人以上的犯罪，法律只能追究一个领头的罪犯。换句话说，谁带头谁倒霉。

"原心定罪"

中国传统法律文化有关定罪量刑的一些基本原则中，还有一个，就是重点处罚故意犯。从现在看到的史料中可以发现，中国在很早的时候就区分了故意犯罪和过失犯罪。到了汉代，法理上已经把为什么要重惩故意犯罪，甚至要重惩犯罪动机说得很透彻。提出这套说辞的，就是儒家学说。

汉代的儒家在总结孔夫子写的《春秋》时，认定《春秋》有一个重大的刑法原则，叫"原心定罪"。汉昭帝时的儒生与御史大夫桑弘羊举行盐铁会议，被记录在《盐铁论》里，其中儒生提出《春秋》的一个原则"原心定罪"，一个人犯罪要按照动机来处罚，"原"就是根据，"心"就是动机，"志善而违于法者免"，动机是好的，行为尽管触犯了法律，这个人仍可以不被处罚；"志恶而合于法者诛"，尽管行为没有违反法律，但是内心动机太坏了，所以这个人要被判死刑。

另外一个理论基础，也是从《春秋》里发挥出来的，就是儒家解释《春秋》最重要的著作《春秋公羊传》，其中提出"君亲无将，将而必诛"。"君"就是皇帝，"亲"就是家长，"将"就是犯意表示。这句话的意思是：对于皇帝，对于家长，只要有犯意表示，就要被处死。"将而必诛"，只要把犯意表示出来，就要严惩。

到了隋唐时期，这些原则已经完全被法律所吸收。"十恶"大罪的前三项"三谋"，谋反、谋大逆、谋叛，以及恶逆中的谋杀祖父母、父母，谋杀亲夫，谋杀夫之祖父母、父母，等等，都规定：只要有了谋杀的企图就罪名成立，要处最高刑罚。那么怎么来证明犯意的表示？很简单，"二人对议谓之谋"，与其他人商量过犯罪意图，其他人证明有过这个预谋，罪名就成立。或者虽然只是一个人在预谋，但已经进行了犯罪的预备，那么罪名也就成立。这些规定很明显就是"原心定罪"的体现。相反，对于一般的谋杀罪，有了犯意表示的"谋"，只是徒刑罪名，和临时起意的杀人行为一样，造成受害人受伤或死亡的才是死罪。

怎么来证明内心动机？这又要回到第一讲提到的中国传统法律文化的多重立体的规范体系特色，在法律条文之上还有礼教、天理，有能力、有见识的统治者可以从这些高标准出发判定一个人的善恶动机。所以，明清时期的"文字狱"从这个层面上就可以理解。文字本身看不出有无违法，法律也没有明文规定哪些文字、哪些词句属于犯罪，但是法官可以据之判断出作者在内心诽谤朝廷，动机很坏，所以要进行严厉的处罚。

在重视犯罪故意、犯罪动机的另一面，中国传统法律文化对于过失犯罪也有很深入的研究与法律规定。比如"过失"一词在古代仅指过失伤人或杀人。另外还有"失"和"误"两类过失犯罪。"意以为然谓之失"，相当于今天所谓的"疏忽大意的过失"，应该预见而没能预见损害发生，比如"失火"、"失入人罪"（因过失判决的冤案），等等。"误"是指判断错误而导致损害发生，比如"误诊""误不如本方"，等等。

律中"活门"

在中国传统法律文化的刑事通例方面，第三个有特色的制度就是自首。

我们现在可以在湖北云梦睡虎地秦墓竹简里看到，秦国的法律里面已经有自首的明确规定，只是称之为"自告"，凡是犯罪自告的，可以减免刑罚。汉代法律改称自首。"首"是伸出脑袋告发的意思，揭发别人叫作"首告"，揭发自己就成了"自首"了。

唐律的《名例律》规定了详细的自首制度。"犯罪未发而自首者，原其罪。"犯罪行为已经完成，但是还没有被发觉，在犯罪还没有被发觉以前，能够自首的，这个罪名就不追究了。犯罪行为已经被发现，只要自首，仍然可以免除刑罚或者减轻刑罚。如果犯罪行为还没有被发现，行为人自己去预防犯罪后果的发生，比如在路上设置了陷阱，想要害死某人，结果那个人并没往那里走，然后行为人把这个陷阱填掉，排除了危险，那么这个也就不处罚了。

为什么自首可以减免刑罚？这在理论上完全可以说得通。法律处罚的重点是打击犯罪意图，罪犯后来觉得这个行为不好，自己来纠正自己的犯罪行为，或者自己来揭发自己的犯罪行为，就说明良心未泯，还有一点可救之处。有知罪之心，自然有悔罪可能，有悔罪可能，就可以改过自新，重新做人。所以，从儒家的经典理论里很容易推导出这个结论。

另外，从更现实的角度来说，自首犯罪行为可以减轻政府查案的时间，可以减轻政府查案的经费，可以减轻政府花在查不清楚案件上的那些精力。很多奇奇怪怪的案件，实在没有办法处理的，可以采用自首这个办法来处理。

我们举一个例子。清朝乾隆年间有个叫汪辉祖的绍兴师爷，就是在政府机关帮助长官处理案件的法律顾问。他在江南地区做了二十六年幕友，号为"江南名幕"。后来也考上了进士去做了官。退休后写了不少书教读书人怎么来做官。有一本叫《学治臆说》，其中就说自首是法律里面的一个"活门"，疑难问题可以用自首来解决。

然后他回忆自己当年刚刚开始学做幕友的时候听到的一个案子。这个案子发生在我们上海地区，现在属于上海的青浦区，是一个私铸铜钱案。古代的铜钱货币是国家发行的，民间私铸铜钱属于犯罪行为。法律规定，私铸铜钱，首犯绞立决，从犯减刑一等。减刑一等原来应该减为流三千里，但是清朝为了对货币加强管制，所以规定从犯发遣新疆。

现在青浦这个案子，八个人一起在私铸铜钱，政府去缉捕的时候，八个人中逃掉一个人。审问的时候，七个人都说那个逃走的人是首犯，是那人出的主意，那人纠集了我们，他主使，他指挥，他销赃，跟我们没有关系，我们都是打工的。县官没有办法，发出通缉首犯的通缉令。其余从犯减等处治，七个人全部被遣送新疆。

这七个人才走了半年多，被通缉的那个家伙在苏州被抓到了，是因为盗窃被捕的，在审讯时供出是负案在逃，牵出青浦案件。苏州的是个盗窃罪，青浦的盗铸铜钱罪名重。这个叫"轻罪就重罪"，该犯从苏州被解送到青浦。青浦知县如获至宝，一顿打下去要他认罪。想不到那人的骨头还挺硬，连喊冤枉，说自己只是打工的，上次被抓的七人之中的某某某才是老大，他纠集我们，他指挥我们，他去销赃的，肯定被抓的时候，他跟另外六个人串通好，把事情都赖到我身上。

青浦县官没办法了，那七个同案犯已经发遣到新疆去了，没法追回来，要追回来也没有这笔旅费。现在如果逼着那人承认首犯，把他屈打成招，万一他到了上一级翻供怎么办？一翻供这个案子就是错案，青浦知县就要吃处分，起码也要降级。青浦县上一级就是松江府，青浦知县的幕友到松江府讨教，松江府有一个老夫子，就指点了一下：这个案子实际上是很容易解决的，要劝那个人承认自己是首犯，他肯承认，就要把情节改一改，说他在苏州不是因为盗窃案被捕的，而是在苏州"闻拿自首"，听说官府在通缉他，所以主动投案自首了。按照法律，自首可以减刑一等，首犯是绞立决，减刑一等，发遣新疆，不是和从犯一样吗？这个事情要跟这个罪犯说清楚，要把这个利害关系交代清楚。他必须要承认首犯，我们替他把情节改过来，答应他：你走了，你的家庭，你青浦家里我们官府不去为难，可以好好过日子，我们补贴点钱，家属有口饭吃。于是青浦知县依计而行，那个罪犯慨然允诺，不再翻供，这个案子就此了结。

汪辉祖写完这个案子，评论说：法律里的这个自首，就是法律的一个活门，专门用来救人的，实在搞不定的案子，把情节改成自首，为原来犯死罪的人留得一条生路，真正是"救生活门"。

从 一 处 罚

中国古代刑事法律中最有特色的总则性规定，第四个叫"从一处罚"。一个人犯罪，触犯了好几个罪名，中国古代从很早开始就采用了刑法学上的所谓"吸收原则"，只处罚其中最重的那个罪名，对其他罪名的处罚就都被重罪的处罚吸收掉了。

湖北江陵张家山汉墓出土的竹简中有《二年律令》，其中的《具律》明确规定，一个人犯了数个罪名，"以其重罪罪之"。一个人触犯了几种罪，只处罚他最重的那个罪名就可以了。以后历代法律都是这样规定的。

我们举陈世美和秦香莲的案子为例来作说明。陈世美犯了好几样罪，第一个罪"停妻再娶"，抛弃老婆秦香莲，另外去讨公主做老婆，重婚罪。重婚罪判多少？唐宋的时候徒一年，明清的时候杖九十。

第二个罪"欺君罔上"，欺骗皇帝，这个罪名听起来很严重，欺骗皇帝那还了得？可是并非死罪，古代法律专门有一条"事应奏不奏"，应该向皇帝报告而没有报告的，三年徒刑，满徒，没有死罪。只有应该报告的事情关系切害，事关军情大计，向皇帝隐瞒的，这是死罪。像陈世美这样明明家里有老婆，却跟皇帝说自己未婚，像这样的谎言不算善意，但是不会带来非常严重的、危害到国家安危的后果，所以不是死罪。皇帝也知道，人难免会说谎，所以三年徒刑到顶。

第三个罪名"杀妻灭子"，秦香莲一定要认陈世美，然而陈世美就是不认秦香莲，恼怒之下就派自己的家将韩琪，叫他去杀秦香莲。现在京剧《秦香莲》里，这个情节交代得不清楚，陈世美是否命令韩琪杀自己儿子，并没有交代。但是在《秦香莲》这个戏原本的明代小说《百家公案》里，陈世美派人去杀秦香莲，特别关照要将子女带回，后来是因为子女都不愿到陈世美身边才作罢。"杀妻灭子"的罪名与实际案情不符。古代法律用语非常准确，杀人罪，被害人已经死了才能成立，以侵害后果也就是今天所说的"结果犯"来命名。人没有死，就不是杀人罪，只是谋杀未遂，企图谋杀。遣凶杀人，历代法律都规定，指使别人去谋杀人，指使者按照谋杀罪首犯来处理。谋杀罪只要开始预备，把人派出去了，把刀磨快了，谋杀行为不一定行使，只要你进入预备状态，开始预备谋杀，就要判处三年徒刑。导致被谋杀对象受伤的，判处绞刑；被谋杀对象死亡的，判处斩首。陈世美叫韩琪去杀秦香莲，结果韩琪下不了手，秦香莲对着韩琪一哭诉，韩琪心软了，又没有办法回去面对他的主子，所以就拿刀自己抹脖子死了。秦香莲根本没有受伤，儿子也没有受伤，但秦香莲告发陈世美的罪名是"杀妻灭子"，实际上只能算是谋杀罪首犯，最多三年徒刑。

第四个罪名，韩琪自杀可以算是陈世美逼的，那他要承担什么罪名？我们翻翻唐宋元明法律，找不到什么有关的罪名。很可能立法者考虑到，逼迫人自杀是比较难证明、也难以定罪的行为。到了清朝的条例里才规定，恶霸豪强威逼他人自杀的，算作一项罪名。威逼人致死的，一家两命，把一家人害死两个，或者威逼三人以上被迫自杀的，处以"边远充军"，所以是充军罪。按照清代司法惯例，在考虑刑罚加减、以钱赎罪的情况下，充军一般是作为徒四年来处理的。

现在看陈世美犯的这四个罪名，"停妻再娶"杖九十，"欺君罔上"三年徒刑，指使杀人三年徒刑，最后一个威逼人致死，实际上这个还够不上，因为只死了一个人，假设秦香莲看到韩琪死了，也拿刀自杀，秦香莲的儿子看到妈妈死了也跳河身亡，那么这个叫威逼他人致死，一家两命，总人数达到三人以上，才够得上处以"边远充军"。我们姑且就算陈世美"威逼人致死"的罪名，逼死了一个人也按照这个罪名的最高刑来处罚，那么充军就算是四年徒刑。四年、三年、三年、杖九十，按照我们今天的法律规定，四年加三年加三年加杖九十，得出总数，然后在总合刑期以下，单个罪名的最高刑以上，由法官酌定刑期，比如说判他七年。但是中国古代法律可不是这样算的，陈世美在这四个罪名里面，只要按照最重的罪名处罚就可以了，如果陈世美威逼人致死这个罪名成立的话，那么就判充军，另外三个罪名下的处罚就取消了，只根据最重的罪名来处罚。如果陈世美威逼人致死这个罪名不成立，那么最高也就是徒三年。

为什么要有这条法律？从汉朝一直到清朝，这条法律都没改过，可见这条规定一定存在相当大的优越性。首先可以看出来的是，这项规定可以大大减轻基层政府侦察破案的压力，不必将罪犯所有的案件都一一查证，只要破获关键的案件，搞清事实就可以了。其次，一个人犯再多的罪，也不要紧，反正总是按照一个罪名来量刑的。

这样就在法律里又设置好了一个"活门"。这个活门不是开给罪犯的，而是开给官员的。因为中国古代对于官员的考核制度极其严格，在所管辖区域发生的所有案件，都有破案的时间限制，由主管官员个人承担责任。不能及时破案的，官员就要受处分。比如一个杀人案的破案期限是六个月。六个月里没能破案的，县官"罚俸"一年，一年的工资就没有了。十二个月过去，这个杀人案还没有破掉的，两年的工资没有了。到了三年任满，这个杀人案还没有破的，这个县官就要降级，"才力不及"，他的能力太差了，当不了县官，降级去当其他的官。为了保证所有的官员能够按时升迁，用什么办法呢？可以利用这一条。县官有个杀人案件破不了，正好抓到一个强盗，强盗肯定是死刑，那么县官就可以和这个罪犯商量，另外有个案件你也认了算了好不好？不要紧的，对这个罪犯来说没有什么利害关系，他多了一项杀人罪也不过是砍头，对不对？所以，县官就可以把破不了的杀人案件推给这个强盗，把情节、口供都教好，几月几号你把谁杀了，用的什么凶器，在什么地方，怎么杀的，都一一交代明白，让罪犯背得滚瓜烂熟，到上级复审时不会翻供，也不会露马脚。如果被害方不服，也和被害人家属讲清楚，现在没办法破案，你不配合的话，这个案子永远不结，你也苦恼。把双方搞定、摆平，这个案子就过了，长官的乌纱帽也保住了。

除了这些比较极端的死刑案件，其他的流刑案件、徒刑案件都可以在里面加上未能破获的其他案件，尤其是小偷小摸案件，实在没有办法处理的，抓到一个小偷就都是算他的，反正他偷得再多也不会死罪，打一顿算了。毁坏他人房屋的罪名，也不过是个打屁股的刑罚，也可以用来合并罪名，择一处治。用这个办法能够大大提高基层官府的行政及司法效率，所以，这也是一个真正的活门。前面一条是救罪犯的活门，这后面一条是救官员的活门。

特色与着眼点

传统刑事法律总则性的规定，最具有中国特色的，我们可以举出以上这四项。

由这些特色，我们可以进一步体会到中国传统法律文化的意义，体会到刑事法律方面，无论是立法还是法理的分析，中国传统法律文化都居于领先地位。

早在战国时期，李悝就设想在刑事法典里专门安排总则性的篇目，来统帅全部法典定罪量刑。这样的立法设计远远领先于欧洲。欧洲国家要到19世纪才知道在刑法典前面加一个总则部分，来规定整个定罪量刑的总的原则，1810年的"拿破仑刑法典"实现这样的立法，比中国要晚了两千年。

而且在中国传统法律文化的刑事法律中，有关定罪量刑的总则性意义的规范设计相当具有科学性。比如，中国传统法律文化从来没有经历过所谓的"客观归罪"阶段，从来不曾有过只凭行为来归罪的法律。中国传统法律文化一直强调的是行为人主观意识与行为之间的综合性因素，从主观意识与行为后果上来衡量，来进行定罪量刑。在共同犯罪以及群体性事件的规定中，中国传统法律文化一直强调区分首犯和从犯，也具有相当的合理性。

就这些设计的总的原则来说，我们也可以看到，加强政府的行政效率，是这些规定的立法的主要出发点。自首和从一处罚这两个"活门"，在很大程度上是为了使地方基层政府能够迅速地处理普通的刑事案件。

尤其能够反映这一特色的是有关首犯和从犯的规定，这种划分具有合理性，但是在中国传统社会，这项制度主要是为了政治目的而被设计出来。古代朝廷最害怕的是群体性事件，唯恐百姓因为某些原因铤而走险。因为古代和现代不一样，古代是冷兵器时代，政府拥有的武力威慑是非常有限的。用我们今天军事学的眼光来看，冷兵器的杀伤力指数，与普通的农民工匠日常使用的工具的杀伤力指数是处在同一个量级上的。也就是说，政府官军使用的刀矛弓箭，与老百姓手里的扁担、锄头、镰刀、石块相比，只具有微弱的优势，可以轻易地被数量优势所压倒。陈胜、吴广领导的农民起义一年不到就能够打到咸阳附近，强大的秦军居然无法战胜这样的乌合之众。这样的情形在历史上多次重演，所以，古代朝廷非常害怕老百姓造反。为了防止群体性事件演化为暴力反抗，有一个最重要的办法，就是尽量不要惹起众怒，为难一小部分人可以，但是大多数人不能得罪，还要尽可能分化民众，防止其万众一心铤而走险，那就是强调在共同犯罪、在群体性事件中尽量只处罚首犯，只处罚一个人，大部分人宽大减等，对群体进行分化。同样强调自首减免犯罪，也具有分化不安定群体的作用。所以，这些总则性规定的立法着眼点，主要是在于维持朝廷统治这个最根本的政治目标。

本讲小结

中国传统法律文化的刑事法律在世界法律文化的发展历史上独具特色,其中总则性规定中有关首犯从犯、注重犯罪故意、自首减免、从一处罚这四项最具中国特色。

首犯、从犯的严格区分,至晚从汉代法律开始形成传统,既有儒家理论的发挥与推演,也具有实际的政治意义。

注重犯罪故意,以至于注重对于朝廷及家长的犯罪动机的惩处,也同样是来自儒家理论的指导以及君主专制中央集权政治的现实需要。

自首可以减免刑罚,至晚是从秦汉开始的一项刑事总则性原则。这项原则也得到儒家理论的支持。对于便利地方基层政府处理疑难案件,提高基层官府施政效率,分化群体性事件,都具有重要意义。

从一处罚,就是一个人触犯数个罪名,仅处罚其中最重的罪名。这也是一项传统的刑事原则,同样具有加强地方基层政府行政效率、提高施政便利性的作用。

第十讲 "官有政法,民从私契"
——中国古代的契约精神

扫一扫
观看本讲视频

在我们今天使用的现代汉语中,契约与合同是同样的意思,用来表示当事人之间就特定权利、义务事项达成的协议,主要是指设立、变更、终止财产关系的协议。中国传统法律文化所包含的财产交易、财产关系方面的法律制度,以及朝廷立法者对于财产立法的看法、民间有关财产交易的习惯,等等,都有着非常鲜明的特色。

契 与 约

我们首先了解一下,汉字中的"契""约""券""合同"等字的意思。

先看"契"。《说文解字》对这个字的解释是:"契,刻也。"看看古文字的字形,左边是一个木片,右边是一把刀,左边的木片上有几条道,表示用刀在木头上刻出了几道刻痕,也就是"刻木记事"的意思。事情本身是靠口头陈述,并依靠在场人员的记忆保存,这块刻了刻痕的木片,只是用来提醒在场者想起那件事情的提示物。

契 㓞 㓞

位于南美秘鲁的古代的印加人也使用"刻木记事",他们在木片上刻出刻痕,然后上面钻上一个眼,用一根绳子穿过,便于携带或保存,每一条刻痕、每一个木片都代表了某一个和他人的协定,或者某一个条款、某一个价值、某一个数量的意思。

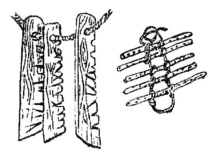

秘鲁印加人的"刻木记事"图形

中国古代也是这样的,我们在湖北江陵张家山汉墓竹简里可以看到一个秦朝的案例,说有人提交给商人一根"契",作为证据,法官找了市面上的商人来辨认,这些商人证明这确实应该是商人之间的一个"契",刻痕表明了交易的数额,法庭便记录下来作为一项证据。

"约"字,《说文解字》解释说,"缠束也",就是在绳上打结,每一个结代表一个意思。所以,契约的"约"字,表示的就是"结绳记事"。同样,事情本身还是靠口头陈述,并依靠在场者的大脑记忆,这根打了绳结的绳索,就只是用来提醒在场者想起那件事情的一种提示物。上海郊区一直到20世纪70年代还保留着一句民间俗话:"你裤带上打一个结——记记牢。"当时的裤带可不是现在的皮带,当时的裤带就是一根布条或一根绳子,当时的裤子也没有皮带环,农民自己缝的裤子是不收腰身的,在两个裤筒上面是很宽的横过来的一块布,穿裤子时要把大裤腰横向折起来收住腰,再纵向地翻折一下,然后再用那根"裤带"绑好打个结。所以,裤带上打一个结,是随时提醒你,每天早上穿裤子的时候,就能够想起双方之间的这个约定。

秘鲁印加人结绳记事图形

为什么不把双方协议的内容用文字写下来?很简单,因为古代绝大多数人都是不识字的,最早具有使用文字能力的人,只是与鬼神打交道的祭司。民间的交易,普遍都是使用口头约定,或者用契、约这样的提示物,或者用一个有众人参加的隆重仪式来帮助记忆,或者使用赌咒发誓之类的形式来加固记忆。

有特色的"券"

中国古代还有一种用于买卖或债务的凭证,是其他曾经刻木记事的古代文明的人们没有想到的,那就是大约三千年前的西周所发明的"券"。

券,仍旧是一个木片,由当事人在木片的侧面刻上刻痕,表示当事人的承诺,然后再用刀把这个木片一剖为二,这个行为被

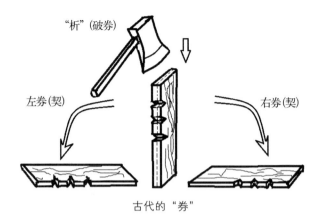

古代的"券"

称为"析",也叫"破券"。左边一片,右边一片,左边的一片叫"左券",或者叫"左契";右面一片就叫"右券",或者"右契"。双方当事人各收藏一片。当权利人向义务人出示自己的那一片后,义务人就要把自己收藏的这片券拿出来对一下,确认是原件,那么义务人就要履行义务,权利人实现权益。

所以,在中国古代的语言里面,"破券"就相当于成立一个合同,成立一个契约,而"合券"就相当于履行合同,履行契约,实现合同的目的,合同就此结束。合券就是履约,破券就是立约,"不破不立"就是这个意思。

不过在破券之后,权利人拿哪一片、义务人拿哪一片呢?根据现有的资料还不是很清楚,史料的记载并不一致。比如,春秋时期的文献里一般都说权利人是持左券,如《老子》里就讲"圣人持左券而不责于人",圣人明明是权利人,但他并不要求别人为他做事,别人自动会为他做事。但是到了战国时期的大部分文献里都记载着右边一片归权利人收执。

到了战国秦汉的时候,民间的交易越来越复杂,人员的流动也更普遍,文化教育也更普及,民间的交易开始使用文字记录双方协议的内容。按照之前的习惯，文字就写在原来的竹木片上，只有一片的称为"书契"或"契书"，在竹木片两边都写上同样的文字，再破券而成的就是"书券"或"券书"。

"合同文书"

三国两晋南北朝时期，纸张开始广泛使用，民间的文书都改用纸张来书写，但是原来的"契""券"名称依然保留下来，一式一份的还是叫"契"，一式两份的仍称为"券"。北齐颜之推的《颜氏家训》里提到有个"博士"要写一份买驴的契，"书纸三张，未见驴字"。

和名称一样从竹木简继承下来的另一个惯例是，一式两份的"券"会和原来在竹木简侧刻上刻痕一样，用笔在纸边划上几道，做出一些骑缝记号。官方文件的骑缝记号称为"款缝"，民间文书称为"合同"。我们现在从新疆吐鲁番阿斯塔纳古墓群的出土文书里可以看到很多带有这种骑缝记号"合同"的文书，有的直接划在纸边，有的是将文书对折后，在纸的背面划上骑缝记号"合同"。

就在两晋南北朝的时候，民间更为正式一点的文书，尤其是财产交易的契约文书，为了讨个吉利，会在纸边上骑缝写上"合同大吉"，把两个文件合在一起就是原来的"合

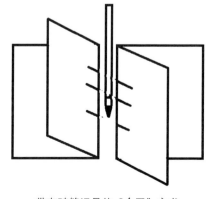

带有骑缝记号的"合同"文书

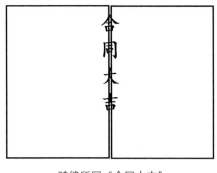

骑缝所写"合同大吉"

券",只要所找骑缝记号无误,就是义务人履行义务,权利人得以享受权利,大吉大利。

到了后来更简单一点,"合同大吉"不写了,就写"合同"这两个字,使用合体字写法,把"合同"两个字写在一起,跟我们今天网络上流行的"囧"字有点像。

所以,合同原来是指骑缝的记号,古代"合同文书"一般是指有骑缝记号的一式多份的文件,并不一定就是当事人之间有关特定权利义务事项的一个协议。历史上最有名的"合同文书"就是元代杂剧《包龙图智赚合同文书》所提到的那个"合同文书"。这个故事在南宋开始流传,在元朝成为戏剧,到了明朝又被改编为小说。

> 东京西关义定坊住人刘天祥,弟刘天瑞,幼侄安住。则为六科不收,奉上司文书,分房减口,各处趁熟。有弟刘天瑞,自愿将妻带子,他乡趁熟。一应家私田产,不曾分另。令立合同文书二纸,各收一纸为照。
> 　　立文书人刘天祥同亲弟刘天瑞
> 　　见人李社长

我们看这个"合同文书",说的是东京西关义定坊居民刘天祥、刘天瑞兄弟,因为遭遇灾荒,"六科不收",没有收成,按照官府指令,每户人家被迫"分房减口,各处趁熟"。这也是中国古代一种灾荒救济的传统政策,一个地方一旦发生灾荒,不是像现在这样用火车、卡车甚至飞机空投,把救灾物资尤其是救命的口粮运送到灾民的手中;相反,因为缺乏大规模运输条件,朝廷只好实行人口疏散,把受灾地区的灾民赶出一部分来,让他们自行去往有余粮的地方讨饭去。"分房减口",就是一户人家必须要走一半的人,强制性的驱赶。这兄弟二人最终是弟弟刘天瑞带了老婆、年幼的儿子刘安住,动身出走。刘天祥、刘天瑞兄弟两个人没有分过家,在刘天瑞走以前,立了这个"合同文书",将来刘天瑞一家回乡再来分家。见证人"李社长","社"是元朝的乡村基层组织。所以,这个"合同文书"实际上是一个备忘录。

古代这种救灾政策肯定会造成很多灾民饿死在路上,刘天瑞一家也无法幸免,夫妻二人都饿死在他乡。他们的儿子刘安住被一个姓张的农民收留,改名张安住。十六年过去,养父母才把刘安住的身世告诉他,并给了他父亲留下的"合同文书"。刘安住大哭一场,把父母的遗骨挖出来洗干净,装在一个笼子里面,背在身上回老家。回到家乡后,伯母觉得十六年过去了,这个产业都是他们家的了,现在突然跑出个侄子要来分一半,就把刘安住的"合同文书"骗到手,还暴打了他一顿,刘安住也不敢回手。事后到包公衙门告状,包公派人去抓了刘天祥和他老婆,说那天被他们打的那个小伙子破伤风死了,以"人命官司"追究。包公审问时说明法律,如果打死的确实是亲侄子,那么伯父伯母打死侄子最多是个徒刑罪,打死平民的话就要赔命。刘天祥和老婆赶紧取出"合同文书"为证,说明打死的是亲侄。包公大笑,叫出刘安住,安葬父母遗骸,与其伯父母分家。

财产交易中的"契"与"合同"

古代民间为了某一财产利益的交易文书,一般都叫"契"或者"券",不过至少从明代开始,民间商人之间进行交易,一般订立的文书都叫"合同",也就是"合同文书"的简称,都是一式多份、有骑缝记号的文件。

比如说我们看明代最著名的以商人为主人公的长篇小说《金瓶梅》,这个特点就很明显。第十六回有两个商人"有些货要兑给傅二叔",也就是主人公西门庆手下的一个伙计(经理人)经营

《金瓶梅》插图"西门庆官作生涯"

的铺子,需要一百两银子做定金,西门庆就与这两个商人"押合同",签署了一个合同。第三十三回,西门庆要开一个绒线铺,要找个"伙计",有个前来应试的"言谈滚滚,满面春风",很得西门庆喜欢,当场录用,"写了合同"。第五十八回,西门庆与人合伙做买卖,"批了一个合同",说好分红的时候,西门庆拿一半,乔大户拿百分之三十,三个经营者合起来拿百分之二十。可见,商人在经

营中订立的协议，包括上述西门庆签订的这些预付定金、承包经营、合伙买卖等协议，都是有骑缝记号的合同。可是同样在这部小说里，人物角色买卖房屋、金钱借贷等财产交易行为中所订立的就都是"契"。比如第十九回，两个流氓"捣子"伪造"文契"诬赖蒋竹山欠债不还。第七十一回，冯太监来清河县购房，立"契"买了一座大宅院。

这个民间习惯历经清朝、民国都是如此。中华民国在1929年正式将所有当事人之间特定权利、义务的协议都定名为"契约"，将传统的"契""约""券""合同"统一为一个法律名词，但是民间商事方面的书面协议还是往往习惯于写作"合同"。后来中国内地的法律用语，就以"合同"作为所有当事人之间特定权利、义务的协议的统一名称。

"违契不偿"罪

非常奇怪的是，中国传统法律对于民间财产交易事项表现得非常迟钝。我们现在可以看到的历代的法律文本里，只有对买卖、借贷、寄存、典当这四种交易行为做了一些极其有限的规定，每天都会发生的其他交易行为，比如，地主出租土地给农民，农民如何交地租？迟延交租、拒不交租的法律后果是什么？房客租赁了房东的房子居住，房子的维修责任如何划分？雇用工人做工，雇佣农民种地，雇主有什么责任？帮人建造房屋，发生的造价纠纷如何来裁决？法律一概不予规定。

即使是这四种交易行为，法律规定也不是全部都加以保护。比如借贷中的计算利息的债务，唐宋法律明确规定，计算利息的债务，"任依私契，官不为理"，债权人没有办法到政府起诉债务人，政府不受理这样的案件，完全由当事人自行设法保全自己的债权。政府受理的仅仅是不收利息的使用借贷和不计息的消费借贷的债务纠纷。明清的法律规定，无论是否计算利息，债权都应该受到保护，债权人都可以起诉不及时还债的债务人，但是至少我们从明清的小说里可以看到一些债务纠纷的故事情节，法官在判决债务纠纷时，几乎没有判决债务人需要偿还债务利息的。可见至少在小说作者的心目中，法官迫使债务人偿还债务利息是一件违反法律文化精神的事情。

对于上面所提到的买卖、借贷、寄存、典当这四种交易，历代法律都规定了"违契不偿"的罪名，凡是违反契（券）上所约定的义务，就构成"违契不偿"。当然，这是个轻罪，唐宋法律规定最高刑罚杖一百，没有徒刑罪。明清律进一步减轻，最高只有杖六十。当然，古代法律还赋予法官一个自由裁量权，对于法官认为"不应得为"也就是不应该做的行为，就可以判罚笞四十至杖八十的刑罚。所以，法官认为某个当事人违反约定的行为如果太过分的话，无论原来是什么交易，法律有没有规定，都可以予以判罚。

违反契券规定的义务，违反一方被官府痛打一顿，是权利人所希望的吗？当然不是，他们更希望看到的是，官府强制义务人不折不扣地履行义务。可是中国传统法律恰恰缺乏的是强制执行的程序规定。唐代法律里还规定了几项欠债不还的执行程序：债权人可以在官府的监督下扣押债务人家中的财物，财物扣押完毕仍然不足偿债的，债务人自己或者家里的男性劳力到债权人家中"役身折酬"，就是通过劳役来抵偿债务。如果劳役也抵偿不了，就由"保人代偿"。后来宋代的法律把前面两项即扣押财物和

"役身折酬"都取消了,欠债不还只有一个办法:"保人代偿"。

那么,"保人"就是在契或券上签署画押的那个保人吗?实际上并非如此。在吐鲁番、敦煌出土的契、券文书中,有的在契、券末尾签署的是"保人男""保人女",难道保人还分性别?仔细看看就知道,这种所谓的"保人"就是债务人的子女。而且几乎所有的契、券都会由债务人或承担义务人明确表示:"身东西不在,一仰妻儿收后者偿。""身东西"就是死亡的委婉语,在债务人死亡的情况下,由妻子儿女、为债务人办理后事的人来承担连带清偿责任。所以,法律上规定的"保人代偿",只不过是对民间"父债子还"习惯的一种认可而已。民间俗谚"中人不挑担,保人不还钱",在契、券上签署画押的保人除了明确表示"甘愿代还无词"外,并不承担连带清偿责任,只负责督促

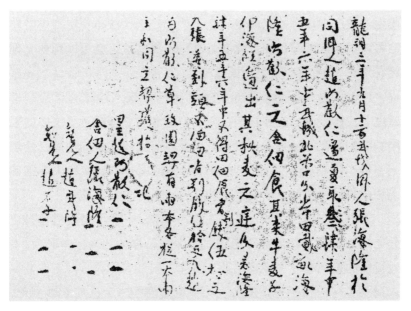

吐鲁番出土文书中的唐代契约

债务人还债。真正需要清偿债务、负起无限连带清偿责任的，"父债子必还"，是债务人的儿子。儿子还有儿子，子子孙孙是没有穷尽的，债务的连带也是永无止境的，直到最后全部清偿的那一天。

"取息过律"罪

既然唐宋时期官府不受理计算利息的借贷纠纷，是不是传统法律对于这些计算利息的交易完全放任不管？恰恰相反，我们在《汉书·功臣侯表》里可以看到，西汉的时候，有两个侯爵因为"取息过律"被褫夺了侯爵爵位。这说明汉代有明确的法律限制利息，债权人收取利息超过了法律规定的限额，就要被处罚，即便是侯爵这样享有特权的贵族也不例外。汉代法律规定，侯爵爵位可以用来抵死罪，犯下死罪，交出侯爵爵位，就可以免死。据此看来，"取息过律"是个很重的罪名。

那么，这个罪名"取息过律"是指债权人计算利息的利率超过了法律限制，还是指债权人收取的利息总额超过了法律的限制？我们现在从《魏书·释老志》看到，至少北魏的法律已经规定不得"计利过本"，就是利息累计不得超过本金。看来中国传统法律既限制利率，又限制利息总额。

这一点在唐代法律里有了完整的体现：利率不得超过每月百分之六，利息累计总额不得超过本金，这称为"一本一利"。不过奇怪的是，唐律并没有"取息过律"的罪名，只是规定在债权人取息过律的情况下，债务人可以向官府控告，官府必须受理，并可以宣判取消所有的债务。

后来的宋朝法律将限制利率降低到每月百分之四，元朝进一步降低到百分之三，明清沿袭。"月利三分，一本一利"的法律一直维持到中华民国初年。另外，明清法律明确了"违例取息"的罪名，最高处刑杖六十。

"官有政法，民从私契"

在吐鲁番以及敦煌出土的古代民间文书中，经常会看到"官有政法，人（民）从私契"这样一句惯用语，尤其是在当事人订立的交易文书中，末尾处往往都会写上这句惯用语。

"官有政法，民从私契"可以这样来理解：政府有它的政策和法律，老百姓则按照私下的约定来履行。就是说老百姓之间的约定、"私契"应该跟政府的政策和法律一样，具有恒久性，具有强制履行的必要。同时这样的表达方式也可以理解为，政府的法律和老百姓的私契是两条平行线。政府的法律是一个恒定的、强制性的系统，老百姓的约定也是一个恒定的、强制性的系统。两者之间并不发生交汇聚合，老百姓的私契不能和政府的法律一样，并不具备由国家所代表的公共强制力保障实施的效力。

孔子说"不患寡而患不均，不患贫而患不安"，并认为"均无贫，和无寡，安无倾"（《论语·季氏》）。董仲舒在他的著作《春秋繁露》里说得更直白："使富者足以示贵而不致于骄，贫者足以养生而不致于忧。以此为度而均调之，是财不匮而上下相安，故易治也。"道家的《道德经》说："天之道，损有余而补不足。"法家著作同样主张以法律手段调剂贫富差别，《商君书》强调："治国之举，贵令贫者富、富者贫。贫者富、富者贫，国强。"均平的方式是用刑罚:"贫者益之以刑则富,富者损之以赏则贫。"《管子·国蓄》:"夫民富则不可以禄使也,贫则不可以罚威也。法令之不行,万民之不治,贫富之不齐也。"总而言之,中国古代的思想家极少有主张保护财产权的,都是主张用政府力量来纠正贫富差别。富者本来就已经获得了经济优势地位,怎么还能以国家权力去强化这种优势?所以,中国历代的法律有意忽略对于财产权利的保护,是中国传统法律文化的特色之一。

立法上不重视,同样司法上也贯彻这样的精神。明人笔记中有一部讲做官的心得,其中说,当县官处理诉讼,有人欠别人三五两银子不还的,这种情况,要按照法律责打他,逼着他一定要还债,派一个捕快押他回家,叫他把银子拿出来还债。一个人只借出去三五两银子,自己也是穷人,没有这三五两银子返还,他自己也要生活受累,所以在这种情况下要责打债务人,要讨债。但是如果一个人欠了别人一百两银子不还,能够放出去一百两,一下子借人一百两银子,这都是有钱人,有钱人你去帮他干什么?不要去管这类案子,让他们自己去想办法。

民间的私契不能直接获得国家所代表的公共强制力

《点石斋画报》所绘民间交易场景

保障实施的效力。因此,"官有政法,民从私契"这句惯用语只是用来约束当事人双方,希望对方和官府执行政策与法律一样来履行这个契约,当事人并不指望官府能够像执行政策和法律一样来强制这个契约的履行。因此,契约效力依靠双方自觉遵守诚信原则,依靠自力自助,这是中国传统法律文化中的"契约精神"。

"人凭文书官凭印"

在中国传统社会,民间财产交易方面的协议,它的契约效力主要依靠"自力救济",就是自己设法解决。正因为如此,契券文书的约定更为详细,明代俗谚"人凭文书官凭印"就是这个意思。私人之间的约定都包含有担保条款,作为日后追究的依据。

我们现在能够看到的大量的古代契约文书,都有关于违约担保和瑕疵担保的内容。约定"券破(或契成)之后,各不得反悔,悔者一罚二入不悔者",就是反悔的人要承担相当于约定的交易价值的两倍的违约金,赔偿给没有反悔的人。明清时期违约金没有这么高,有的是"契价一半",或者相互约定具体的数额。

瑕疵担保一般也有两项,一项是质量瑕疵担保,一项是权利瑕疵担保。前者比较容易理解,后者就是卖方或提交财物的一方担保:这个东西确实是我的,不是偷来的,如果将来有人来宣称该财物是属于他的,前来认领时,由提交方出面承担责任,与接收方无关。汉唐时期,契券文书的惯用语"呵盗认名","呵"就是宣称,"名"在秦汉以后表示私有权的意思,宣称是被盗、来主张私有权的意思。

除了担保条款外,所有的契券一定要有保人副属,签字画押。上文提到，在借贷交易中的保人并不承担连带清偿责任，同样，所有的契券上的保人都没有连带责任，只是作为一个监督履行约定的担保。通过设立这样一个三角关系，在权利人和义务人之间设一个担保人，来监督、促使义务人履行义务。

商人之间为什么要用"合同"也是这个道理，因为商人之间的交易，平时一般都采用赊账的办法，每批货款不是马上付清。古代受物流条件所限，不要说货物的运输，就是铜钱的搬运也是一件成本大、风险高的事项。所以，很早以前商人之间就采用赊账交易的办法，彼此对发货物，半年或一年结一次账，彼此对冲掉货款，结余的明年继续。我们现在一般称之为"交互计算"。结了账以后一般也不付清，而是一年一年延续下去。正因为如此，商人之间的契券约定，协议文本必须详尽，每年拿出来对账，要保留很长时间，一定要有骑缝记号的一式多份，各方均保留一份。

"人凭文书官凭印"，如果没有文书，到期欠钱不还的，那就只能靠"讨债的英雄"了。清代小说《儒林外史》里，就有这样一个故事。有一个骗子叫毛二胡子，骗了一位陈先生一千两银子，一不发货，二不还钱。陈先生当时太相信毛二胡子，也没有订立契券，被骗后一筹莫展。他后来碰到凤四老爹——江湖上一个侠客。凤四听了这事，就去替陈先生出头，找到南京毛二胡子开的当铺。凤四拿手扳住当铺门前的照壁，喊一声"毛二胡子在不在家"，当铺里的人说"不在"，凤四一发力，整堵照壁倒下来。凤四进了当铺，抱住房子的檐柱，再问"毛二胡子在不在家"，又说"不在"，凤四一拖，整个当铺的前檐都塌了下来。然后进去抱住厅堂柱子，再问"毛二胡子在不在家"，这时候毛二胡子跑出来了："爷爷，求求你了。"凤四问："认识这位陈先生吗？"毛二胡子赶紧说认识。"认识，还不赶紧还钱？"毛二胡子赶紧称了一千两银子给陈先生，还给凤四老爹赔不是。凤四老爹有个跟班叫秦二侉子，在旁边说道："可知道'不怕该债的精穷，只怕讨债的英雄'，你而今遇着凤四哥，还怕赖到那里去！"

"合意创立法律"

私人之间订立的约定，可以依靠公共强制力来执行。这个原则来自西方的法律文化。欧洲在古代罗马共和国时期，逐渐建立起契约就等于法律这一原则。罗马法用 obligatio 表示契约，契约产生的债的定义是："法律用以把人或集体的人结合在一起的束缚或锁链。"古罗马的法谚称此为"合意创立法律"（consensus facit ius）。

当事人以自己的独立意志达成了协议，就可以生效，这个叫作"意思自治"。但是一旦达成协议，它就成为一项可以申请"公力救济"的权利，请求司法当局强制义务方履行义务。这项法律原则后来在欧洲长期延续，欧洲中世纪的法谚"契约等于法律"就是这个意思。

由于这项原则，所以在英国法里，对契约的定义是：两个以上当事人之间订立的、有法律强制可能的合意。当事人之间开始商量，要约（offer）→承诺（acceptance）→形成合意（agreement）→具有法律意义上执行的可能（enforceable by law）→契约（contract）。当事人达成一致意见只是"合意"，这个合意必须是具有法律上强制执行的可能性，这种强制执行有法律上的依据或者没有道德上的瑕疵，才是契约。因此，把私人之间的约定直接和法律挂钩,也就是说,私人约定和法律强制能够汇聚在一起,而不是平行线,才是契约。

我们重温一下莎士比亚名剧《威尼斯商人》的故事。有个犹太人夏洛克,借给威尼斯商人安东尼奥一笔钱,结果这个威尼斯商人因为船沉了,无法还债。他们订立的契约文本上面写的是债务人到期没有还债,债权人可以在债务人胸口上取一磅肉。犹太人夏洛克将安东尼奥告到威尼斯的法庭,威尼斯法庭不仅受理了案件,还要按照契约约定进行强制执行。法官只能劝夏洛克撤诉,夏洛克坚决不同意。法庭只好宣布休庭,采用拖延战术。于是安东尼奥的朋友的女朋友鲍希亚乔装成一个法学权威赶来,当庭宣布这个契约有效,还允许夏洛克亲自执行。正当夏洛克高兴的时候,鲍希亚又说:"这个契约约定在胸口取一磅肉,没有涉及血的问题,所以,你在取这一磅肉的时候,不能够流出一滴血。因为威尼斯有一条法律规定,如果一个异教徒、一个犹太人使基督徒流血的话,死罪。还有,你要的是一磅肉,你割下来必须正好是一磅,不能多一盎司,也不能少一盎司。"夏洛克没有办法,只好说愿意撤诉。鲍希亚说不行,按照威尼斯的法律,如果一个人起诉后在审理结束时又

《威尼斯商人》画作

撤诉的，就是诈骗罪，要被没收一半财产。夏洛克只好灰溜溜地回家。

从中国传统法律文化的眼光来看，这个就是"不近情理"。一方是钱，一方是肉，分明是谋财害命，法官应该当场宣布契约无效，怎么还能靠契约的漏洞来解决案件？尤其夏洛克不过是个贱民，有必要这样和他较真吗？而放在欧洲传统法律文化的背景下，这个故事就容易理解了。

起 点 与 终 点

在中国传统法律文化的背景下，当事人订立一项协议、一个契约，往往具有意向性。当事人之间达成这个协议，实际上是为了今后的长期合作。

我们可以举合伙契券的文本为例。上文提到《金瓶梅》里西门庆和几个人合伙开店铺的"合同"，大家会注意到，那个合同里只提到怎么分配利润，而缺乏我们今天合同文本里最重要的一个内容：怎么来分担债务？责任如何连带？而且这不是《金瓶梅》作者的问题，在明朝民间有很多种文书样本的《万宝全书》里，合伙合同都是如此，只讲分红，不提债务。为什么不明文规定？因为开始合伙做买卖，不能写亏损欠债之类的晦气话，丑话不能说在前面。这个合同只是在试探合伙人建立关系能否长久，只是当事人关系的开始，是一个长期合作的起点。合作顺利，那我们可以一直将买卖做下去；不成功的话就散伙。所以，这个合伙合同是建立人和人的联系，特定人跟特定人的联系。

但是在西方的法律文化传统里，契约就是双方关系的终点，双方所有的关系都应该在这个契约里明确规定。所以，在他们的概念里，契约建立的关系不是人和人的关系，而是人和行为的关系。只要我们建立起这个关系，这个行为就必须要履行。即便规定了哪些情况下可以不再履行，但"不可抗力"这个概念所包含的内容也必须一一列举清楚，不能以笼统的一句话就交代过去。一切都必须以契约为准，按照契约履行。没有履行的，可以请求政府所代表的公共强制力强制对方履行。强制执行后一方资不抵债的，就宣告破产，按照法定程序剥夺其财产，破产者成为一个没有信用的人，死了也要下地狱。这是欧洲中世纪基督教里的教义。

本讲小结

契、约、券，原来的字义都是口头约定的提示物，春秋战国以后开始普遍使用文字记录约定的具体内容。使用纸张后出现骑缝记号"合同"，明清时期的商业交易一般使用一式多份有骑缝记号的"合同"，民事财产交易一般只称"契书"或"券书"，中华民国时确定以"契约"为当事人之间特定权利、义务事项协议的总称。

中国传统法律文化不重点强调对于财产权的法律保护，法律仅规定了买卖、借贷、寄存、典当四种交易的一些规范。私人订立的契、券并不能直接获得以国家为代表的公共强制力的保护，"官有政法，民从私契"表现出民间自立的契、券效力和国家权力是一种平行的关系。

第十一讲 "损人一目，家产平分"
——中国古代的损害赔偿

扫一扫
观看本讲视频

"损人一目，家产平分"，这是明代小说《五色石》中引用的一句民间俗谚，意思是打瞎了别人的眼睛，施害人的家产就要和被害人平分，一人一半。这个俗谚放到今天的语境下比较难以理解。侵害他人，要赔医药费、赡养费、抚养费、营养费、精神损失费，等等，即便是赔到倾家荡产，也不至于平分家产呀！可这恰恰就是中国明代法律的规定。所以，中国传统法律文化中的损害赔偿制度是非常值得研究的一个问题，也是一种独特的文化现象。

"牵牛蹊田"成语

司马迁在《史记·陈涉世家》中曾引过当时的一句民谣："牵牛经之田，田主夺之牛。经则有罪矣，夺之牛，不亦甚乎？"意思是，牵牛经过他人的田地，踩坏了地主所种植的作物，地主就把牛夺了过去，当作损坏作物的赔偿。可是牵牛经过他人的土地是犯罪行为，牵牛的人已经要受到处罚，再要夺他的牛作为赔偿，难道不是太过分了吗？

这个典故后来被精简为"牵牛蹊田"这一成语，形容做事太过分,强人所难的意思。比如北宋时,包拯连续弹劾宋庠、宋祁兄弟,尤其是先后弹劾张方平、宋祁不适合担任三司使,张方平和宋祁于是被迫辞去朝廷任命,结果朝廷转过来任命包拯担任三司使,引发其他官员的不满。当时还是翰林学士的欧阳修为此出面激烈弹劾包拯,说包拯是自己贪图这个职位,才吹毛求疵地进行弹劾,实际上是出于一己之私念,"牵牛蹊田,不亦甚乎"?包拯立即推辞任命,甚至在朝廷下达调职命令后,坚持不去三司使衙门报到,足足僵持了半年多,算是表明了自己的心志后,才正式上任。

1991年,我在参加我的导师、复旦大学法律系叶孝信教授主持的"中国民法史"研究项目时,需要写秦汉时期的损害赔偿制度,可是很难找到什么直接的资料,这一条算是很有价值的资料。我觉得一则民谣的形成总要经过两三代人的传诵,因此,这则民谣能够证明在秦汉时期存在着一条法律原则:侵害他人财产的施害者,如果接受了刑罚处罚,就不必承担赔偿义务;如果承担了赔偿义务,就不必再受刑罚处罚。我当时就把它简称为"打了不赔,赔了不打"。

一条有关渡船的法律

2003年,湖北江陵张家山汉墓出土的竹简经整理后正式出版,这批竹简里面包含了几百条汉代的法律,要知道在那之前,我们在史书里只能找到残缺不全的二三十条汉律。张家山汉墓竹简包含了《具律》《囚律》《盗律》《贼律》等篇目。在《贼律》里可以看到这么一条:

> 船人渡人而流杀人，耐之；船啬夫、吏主者赎耐。其杀马牛及伤人，船人赎耐，船啬夫、吏赎千（迁）。
>
> 其败亡粟米它物，出其半，以半负船人、舳舻负二、徒负一；其可纽系而亡之，尽负之，舳舻亦负二、徒负一，罚船啬夫、吏金各四两。
>
> 流杀伤人、杀马牛，有（又）亡粟米它物者，不负。

我们仔细解读一下，该法条设定的第一种情况是：渡船发生事故，乘客掉水里，淹死了人，渡船的主人船老板要处以"耐"刑，就是剃光罪犯的头发、胡子、鬓角，做一辈子苦工。管理渡口的基层官员以及渡口的办事员也被判处耐刑，但是不用去服刑，按照耐刑出钱给国家赎罪。如果渡船事故导致乘客受伤或者淹死了马和牛这样的大牲畜，船老板仍然要被判处耐刑，但是不用真的去服刑，而是拿钱出来交给国家赎罪；管理渡口的基层官员、办事员判处"迁"，就是迁徙到远方去居住，但不用实际服刑，也只要交钱给国家赎罪就可以了。

该法条设定的第二种情况是：如果发生渡船事故，船上装载的粮食之类的货物发生了损毁，"出其半"，从上下文的意思来看，算是搬运货物的固有风险，损失量的一半算是天灾人祸的自然损耗，无须赔偿。剩下的一半要由渡船老板及渡船工作人员进行赔偿，在赔偿数额方面，"舳舻"，就是渡船的舵手，承担二成，也就是百分之二十；"徒"，就是渡船上的水手一起承担一成，也就是百分之十；渡船老板应该承担余下的百分之七十。如果货物是可以捆绑进行妥善安置的，但是装船的时候没有进行捆绑，用我们今天的法律语言来说，就是船上工作人员没有尽到善良管理义务，是失职的，那么就要按照损失数额进行全额赔偿，在赔偿总额中，舵手仍然承担百分之二十，水手仍然承担百分之十，渡船老板承担余下的百分之七十。管理渡口的基层官员和办事员各罚金四两。

该法条设定的第三种情况是：如果发生渡船事故，既淹死了人，或者导致人员受伤，或者导致马牛牲畜死亡，同时又发生粮食之类的货物损失，"不负"，即渡船老板以及渡船工作人员都无须赔偿。很显然，因为在有人伤亡或马牛死亡的情况下，渡船老板以及渡船工作人员都要承担刑事责任，那么承担了刑事责任就可以不必再赔偿了。

我觉得这条法律很可能是原来的秦律，因为秦国缺乏可以通航的大河，所以水运风险主要反映在渡船上。汉朝统治集团主要成员的家乡是有众多通航河流的江淮地区，货物水运是很常见的现象，如果要立这么一条法律，不大可能会限制在渡口、渡船的风险上。

从这条法条的规定来看，我们已经可以发现中国传统法律文化中有关损害赔偿的一般性原则：对于侵害行为导致的损害，赔偿的目的并不在于填补损害，而是和刑罚一样，是对于不法侵害者的一个惩罚，以及对于社会大众的一项警告。因此赔偿数额的计算，采用了简单粗暴的一刀切的方式，并且确立刑罚与赔偿只判罚其一的原则。

"坐而不偿，偿而不坐"

到了唐朝，这项法律原则已经相当体系化了。凡是侵害他人财产行为，"坐而不偿，偿而不坐"。"坐"就是坐罪，坐罪就要定罪量刑，受到刑罚处罚；"偿"就是赔偿。"坐而不偿"，即被判定了刑罚就不用赔偿；"偿而不坐"，就是如果被判处赔偿，就不用判刑。把它简化成大白话就是"打了不赔，赔了不打"。

唐朝的法律一般采用的办法是这样的：如果是故意侵害，判刑之外还要赔偿，也就是"又坐又偿"；而仅仅在主观上有过错、有过失的，就是"坐而不偿"或"偿而不坐"。故意决堤导致水灾的（要判处徒刑三年，如果造成的损害的数额较大的，就要比照盗窃计赃论罪，最高可以判处流三千里），故意放水冲入他人房屋的（按照坐赃罪处刑，最高可判处徒刑三年），故意放火烧官府、官府的房屋以及私人住宅导致房屋财产受损的（要判处徒刑三年，如果损失额达到价值绢帛十匹以上的，就要处以绞刑）之类故意侵害官府及他人财产的罪行，都要在处刑的同时"各征偿"，必须由官府追征罪犯的财产赔偿给受害人。相反，唐律规定：失火，要处笞五十，情况严重的要处杖八十；"不修堤防"，没有将河堤修好，年久失修，没有加强日常的维护，容易导致水灾的，处杖七十。这些都不是故意的，都是过失行为，失火不是纵火，不修提防不是故意去掘开破坏堤防。但是水火无情，对于引火行为、堤防维修都必须赋予特别的注意义务，所以，单纯的失火和不修堤防都要入罪、都要打。如果失火导致延烧他人房屋树木，不修堤防导致河水决口淹没了他人的土地房屋，产生了财产损害的，按照这个损害的数额，比照坐赃罪减三等处罚。唐律专门规定有"坐赃罪"，除了法律已经列举的几种之外，所有的非法所得都按此计赃论罪。坐赃罪最高判处徒三年，减三等，最高只能判到徒一年半。"各不偿"，造成的损害不用赔偿。相反，如果仅仅是单纯的过失，毁坏、遗失了他人财物的，这种情况下"偿而不坐"，行为人承担赔偿责任，无须被判刑。

后来的两宋基本上沿袭了唐代法律，所以，"坐而不偿，偿而不坐"可以说是秦汉到两宋时期中原地区一贯遵循的法律传统。

"保人之伤，定己之罪"

从秦汉到两宋，中原地区另一项一贯遵循的法律传统，就是凡是人身侵害行为，一律都是"坐而不偿"，作为犯罪处理，"杀人者死，伤人者刑"，加害人受到刑罚严惩，但是受害人以及受害人的家属不可能得到任何的赔偿。唯一带给受害人一点补偿的意思的制度，叫作"保辜"。

现在所能看到最早的保辜制度，是湖北江陵张家山汉墓出土竹简中的汉朝《具律》中的一条，它明确规定，任何侵损他人身体的行为，一律保辜二十天。到了二十天，查看受害者身体情况，原来案发时打成轻伤，二十天后伤势发作，变成重伤了，加害人按照重伤他人罪予以处罚；如果二十天后，受害人的伤势可以算是轻伤了，就按照轻伤他人罪处罚。但要命的是，在这二十天里，受害人死亡，加害人就要按照杀人罪被处罚。

所以，保辜的本意就是按照受害人在一定期限内的伤势后果，判罚加害人承担相应的刑事责任。这项立法，很显然是因为古代医疗条件有限，无法及时判断受害人伤势的严重性以及后续发展情况，所以让加害人承担一定期限后伤势的后果所带来的刑事责任，这是很多古代民族法律都有的制度。

但是这个制度也带有一些诱导的意思。加害人打伤了受害人，要赶紧对受害人进行救助，尽可能请最好的大夫，用最好的药物来医治受害人，尽量想办法让受害人的伤势不扩张，后代律学家称之为"保人之伤,定己之罪",就是这个意思。

汉代法律规定保辜一律二十天,显然不够精确,因为加害的方式方法变化实在太多了,就简单地一刀切为二十天,实在是太武断了。唐代的法律就仔细得多,分成了多种加害情形,逐一规定保辜期限。单纯用手足打人的,保辜期限为十天。用手足以外的"他物",比如用了板砖、木棍伤人的,保辜期限为二十天。伤人的时候使用了"刀刃汤火",动了刀子的,或者把滚烫的开水(汤,就是开水的意思)浇在人头上、泼在人身上的,或者是拿火把打人的,保辜期限延长到三十天。如果把人打到"折肢破骨"——"折肢",就是把人的手脚给打断了,"破骨",就是开放性骨折,骨头茬子露出来了,这样的重伤,保辜期限就延长到五十天。

唐律将保辜分成这样几个期限,一直被沿用到清末。宋元明清各代还都曾经立法予以进一步完善。比如宋代规定,穿着官靴踢人的,不能算是"手足",因为一般老百姓穿着布鞋踢人,伤害不会很大,比光脚威胁大不到哪里去。可是"官靴"即官员穿的厚底靴,一脚踢上去比一般的脚踢要伤重很多,所以宋律专门规定,厚底靴踢人的,要算是"他物"伤人,保辜期限为二十天。

"赎铜入伤损之家"

唐律另一类带有一定赔偿意义的法律规定,是所谓的"赎铜入伤损之家"。凡是过失伤害他人,属于过失杀伤罪,根据唐律的规定,先是按照杀伤罪判刑,但是并不实际执行,而是要加害人出铜给官府来赎罪,官府再将这些铜转交给受害人。过失杀人，最高赎铜一百二十斤。当时铜是钱币的原料，是"硬通货"，所以，"赎铜入伤损之家"具有一定经济补偿的意义。

比如唐律规定，在城内街道或人多的地方骑马或驾车疾驰，导致人群骚动奔走、发生事故，有人员伤亡的，要按照斗殴杀伤人罪来进行处罚；但是如果骑马、驾车疾驰是出于"公私要速"，比如为了公务报信或者有人重病重伤送医，由此导致人员伤亡，就按照过失杀伤人罪来处罚；如果是因为马匹受惊无法控制，导致人员伤亡的，按照过失杀伤人罪减二等进行处罚。法条特别规定，凡是这些过失杀伤人犯罪，都可以铜赎罪，"其铜各入被伤杀家"。

另外，在市场、庙会等人员聚集的地方，因为大声喧哗、与人吵架，或者因为判断失误报警呼喊，从而导致人群骚动，引发人员踩踏伤亡，也要按照过失杀伤人罪来处治，同样可以铜赎罪，"铜入被伤杀之家"。

不过值得注意的是，这个制度还不是真正的赔偿，因为赎罪铜的数额，针对的是具体的罪行的轻重，而罪行的轻重并不完全依照受害方所遭遇的损害来确定，还会考虑到主观上的恶意、对社会造成的影响、犯罪手段

《点石斋画报》所绘房屋坍塌事故

的残忍性等因素。比如以上因为马匹受惊、无法控制导致的伤亡，可以减二等处刑，那么赎铜的数额也就相应减少很多。

来自草原的习惯

真正在中国传统法律文化中引入赔偿制度的是元朝。人们印象中的元朝好像很短暂，1271年到1368年，连一百年都没到，但实际上蒙古汗国从1234年灭了金朝以后就已经稳固地统治整个今天的中国北方地区。到1368年退出中原地区，蒙古汗国和元朝统治中原的时间有一个多世纪。

我们一般讲到中国传统法律文化，主要是讲华夏族、汉民族中原王朝的法律文化传统。在中国历史上也有过一些少数民族的王朝政权，比如鲜卑族建立的北魏、契丹族建立的辽朝、女真族建立的金朝，都曾在北方地区维持过超过一个世纪的统治，但是这些少数民族的王朝政权在法制方面，基本上都沿用了中原地区汉族王朝的法律来治理汉族人民，自己本民族的习惯法则仅用于本民族。

但是元朝统治者的治理政策有所不同。在基本沿用原来汉族王朝的法律治理汉族人民的同时，还对中原地区原有的法律加以改动，其中影响最大的就是元朝将赔偿制度引进到中国传统法律文化中。这是一般的历史研究者不太注意之处。日本中国法律史学家仁井田陞在很早以前就指出了这一点。在他晚年编写的《中国法制史》教材里（已经有中文版本），专门写有一章赔偿制度，明确指出中国传统法律文化的赔偿制度是从元朝开始有的，是蒙古族的习惯法影响到中原法律的很少有的例证。

蒙古族是一个游牧民族，大多数游牧民族是很晚才进入到国家形态，社会组织长期停留于部落制。在部落制的习惯法阶段，并没有国家权威的概念，也很少有犯罪的概念。个人与个人之间的人身、财产的侵害行为，往往被认为只是个人对个人的侵犯，双方可以彼此决斗反复仇杀，或者也可以转变为债务，用赔偿来解决。

中原地区的汉族很早就进入到国家形态，传统法律文化很快地进化，将一切对个人人身或财产的侵犯，视为是对整个社会秩序的侵犯，需要以国家刑罚力量来严厉处治。所以在中国古代的法律文化传统里，没有"私犯"这个概念，对个人的侵犯就是对社会、对国家的侵犯，就是犯罪，国家用刑罚来处罚、来制裁这种侵犯行为。

蒙古族因为国家概念形成比较晚，成吉思汗时期才开始形成部落联盟，虽然迅速跨越进入到国家形态，但是蒙古族的传统习惯法仍然保留了很多。入主中原后，元朝统治者着手协调蒙古族习惯法和中原固有的法律传统，将赔偿嫁接到中原传统法律体系中。对财产的侵害，处刑与赔偿不再互相排除，可以并用，并且直接以损失程度来设定赔偿数额。所有对人身的侵害和犯罪行为在受到刑罚的同时，还必须对受害人进行赔偿，人命案件要赔偿"烧埋银"（元代允许火葬），所有的伤害罪必须要付医药费，导致残疾的必须要付"养济之资"或者"养赡之资"。我们可以把它称之为"又打又赔"的原则。如果是过失造成的人身伤害，就只赔钱不用判刑。

如果对《元史·刑法志》所载的元朝法律条文进行分析，就可以发现凡人身伤害罪，在给予刑罚的同时，几乎都规定了必须附带赔偿，即"又打又赔"。而过失杀伤及另外一些罪行，又有着"只赔不打"的原则,并且不再采取"赎铜入被害人之家"的暧昧说法,直截了当地明确为赔偿。

举个《元史·刑法志》所载元代法律的例子,有些过失杀人罪名不处刑罚,仅征烧埋银,具有相当程度的损害赔偿性质。比如"昏暮之中两家之子奔跑相撞"致死,"不坐,仍征钞五十两给苦主"。"烧埋银"的立法出发点显然已从对于罪人的附加刑转化为对于被害人的补偿。比如规定:"诸杀人无苦主者,免征烧埋银。"被杀的受害人没有亲属("苦主")的,就没有必要向加害人征收烧埋银,可见设置烧埋银的目的就是要补偿给受害人亲属。尤其是专门规定,如果斗殴杀人的加害人家庭实在因为贫困没有办法缴纳烧埋银,也找不到其他能够缴纳的亲属,就要由官府来向被害人亲属支付烧埋银。

明代的修补

元代赔偿制度后来就被明清的法律所沿袭。侵害财产的,直接按照损失数额赔偿,无论加害人是否被判刑。凡是杀人的都必须要赔丧葬费用"丧葬银",凡是伤人案件都要附带赔偿损失费用。

不过明朝初年立法的时候,也恢复了一些中原传统。比如明律规定,凡是"不道"杀人(包括一组恶性杀人案件,比如碎尸案件,杀一家三口以上而其中没有人是犯了死罪的,或者使用巫术害人,等等),罪犯被凌迟处死之外,"财产断付死者之家",没收全家财产交给受害人的家属"苦主"作为赔偿。如果伤害别人造成"笃疾"(严重残疾),把人腿打断了,把人眼睛打瞎了,除罪犯处刑之外,"犯人家产一半,断付被伤笃疾之人养赡"。这就是民间俗谚"损人一目,家产平分"的来由。

元朝没有这个谚语,把人家眼睛打瞎了,要支付"养赡之资",那就是赡养费的意思,受害人到死亡为止,一共要用多少生活费用,就是这个赡养费的数额。按照我们今天的法律概念,损害赔偿的基本原则,叫"填补原则"。如下图,假设这根水平线是受害之前的原来的状态,被侵害后遭受到的损失,就是所形成的这个坑。法律要求加害人必须承担责任,使受害人恢复到原来的状态,把这个坑填平。元朝的法律采用的是这个填补原则。一般的伤害赔医药费,受害人原来的状态是不用花这个钱,受害后需要支付医药费,医药费就是这个坑,加害人支付了医药费,就把这个坑填平了。当然,从我们今天的眼光来看还不对,医药费只是财产上的恢复原状,被伤害所造成的痛苦,并没有表现出来,所以,我们今天还要有精神损害方面的赔偿。

损害赔偿的"填补原则"

很明显,明代的法律并不适用填补原则。加害人给你造成了这个损失、这个坑,但是法律规定的赔偿却是按照加害人的家产也就是这个土堆来确定的。杀了一家三口,如果这个凶手是个权豪势要之家,家产丰盈,照样填进去,全部家产就归受害人之家。但是假如加害人根本没有钱,就好比只有一小堆土,填到受害人损失的大坑里,只能占一个角落。把人两只腿打断,或者眼睛打瞎,无论损害如何,受害人所能得到的,就是犯人家产的一半。

《点石斋画报》所绘劣马伤人事件

后来清代完全沿袭了明代的法律，所以，明清损害赔偿制度基本上继承了元朝法律，但在一定程度上，又恢复了秦汉时期那种将赔偿视为惩罚的一部分、不拘泥于财产赔偿细节的特色。

比 较 的 视 角

在中国法律文化传统里，一般侵损财产或者人身的行为，法律视为犯罪行为。也就是说，中国传统法律文化很早就把这种侵害行为视为对社会乃至于对国家稳定状态的挑战。最典型的表述就是李悝所说的"王者之政,莫急于盗贼","盗"是侵犯他人财产,"贼"是侵犯他人人身,制裁这些行为,是国家最重要的政治。这时的中国进入成文法时代还不到两百年。

作为一个比较的视角,在地球另一边,与李悝同时代,在古希腊和古罗马,尽管已经进入了成文法时代,欧洲人仍旧存在"私犯"这个概念,对于他人财产和人身的侵害,不被认为是对于整个社会秩序的侵害,而仅仅是对受害人个人、对私人的侵犯,仅仅是双方之间的事情,解决的途径基本有两种。比如说盗窃,第一个办法作为赔偿来解决,偷一赔二或偷一赔四。赔偿金额一旦确定,就转变成债的关系,双方之间构成一种"不自由之债"。"自由之债"是指两个人以自由意志订立一个合约。"不自由之债"是法律强加给当事人的,债的履行就完全按照法定程序进行,比如按照古罗马的《十二表法》,欠债不还,债权人可以用九尺长的锁链锁住债务人的脖子,把他牵到集市上去叫卖,三次叫卖没人愿意代为还债,就可以把债务人卖掉做奴隶。根本没钱可赔的,那就作为犯罪来处理,判处其死刑。

再比如侵犯人身的行为,在欧洲很长一段时间也是当作一种私犯,也可以赔钱解决问题。一直到欧洲中世纪,大部分人身侵犯都被认为是双方当事人之间的事情,可以用赔偿解决,或者是复仇解决。杀人的,被杀人的兄弟儿子可以进行复仇,杀死凶手。伤人的,可以同样形式复仇,以牙还牙,以血还血,损人一目,也偿还一个眼睛。当然,被杀的子孙也可以复仇,彼此血海深仇,冤冤相报,永无休止。

那么,怎样制止这样的血仇相报?赔钱。在欧洲中世纪的时候,很多国家的法律就是个赔偿表。比如公元600年英国的《埃塞尔伯特法》,就是个赔偿表。打坏他人鼻子赔多少钱,打落人家一颗牙赔多少钱，非常精确。打落一颗尖牙三个先令，打落门牙八个先令，打落磨牙一个先令。今天想想磨牙其实很重要，我们的咀嚼功能主要靠磨牙，但是磨牙在里面看不见，门牙在外面装点门面，所以门牙最贵。人命也有明确规定，自由人杀死自由人赔多少钱，平民杀死贵族赔多少钱，杀死对方一个奴隶赔多少钱。整个法律就是这样一个表，任何一个身体器官都明码标价。要钱就不能复仇，复仇就不能要钱，所以这个叫"血金"。俗谚"要么收买长矛"，用钱去把对方的武器收买掉，让他不要来复仇；"要么忍受长矛"，双方一直仇杀下去。

一直到公元 11 世纪以后，也就是中国宋朝这个时候，欧洲人才形成犯罪这个概念，考虑到对于他人人身及财产的侵害是对社会公共秩序的侵害，需要国家以刑罚予以处治。所以，欧洲的警察都是很晚才产生的，"police"（警察）这个词，就是由社会公共秩序延伸而来。欧洲的法律逐渐形成"侵权"概念，未经法律明文确定为犯罪的侵害行为，同样被认定为侵犯了法律赋予人身及财产的权利，需要由公共司法机构强制加害人进行赔偿。

总之，从中国和欧洲进入成文法的时代来进行比较，可以看到中国传统法律文化很早就确立了国家概念，确认侵害财产和侵害人身行为应该作为犯罪来处理，在这一点上，中国至少比欧洲领先了一千多年。这是中国传统法律文化的一个很明显的优势。但是损害赔偿的精确计算方法、填补原则的运用，中国传统法律文化并没有能够产生。中国传统法律文化中的赔偿是作为附带的惩罚措施而设定的，这是中国传统法律文化的又一个特点。

本讲小结

从秦汉到唐宋，中国传统法律文化里并没有完整的损害赔偿制度，所有对于财产的侵害，对于人身的侵害，都被认定为犯罪行为，代以刑罚处罚。

在侵害财产的情况下，采用的是要么处刑、要么赔偿这样的两分法，主观上恶意或错误严重的，"坐而不偿"；主观上完全是过失的，"偿而不坐"。在赔偿数额的确定上，也采用了简单粗暴的一刀切，并不是根据受害人的具体损失来确定。

在人身伤害上，没有任何赔偿的规定，只是加害人对于受害人在一定期限的伤势变化后果方面负担刑事责任的"保辜"，具有促使加害人去救治和看护受害人的意义。只有在过失导致人身伤害的情况下，才能够以铜赎罪，官府再将赎铜交给受害人。

元代法律中开始直接设定赔偿制度，凡是侵害财产的，按照损失数额来赔偿。凡是侵害人身，故意侵害的作为犯罪处刑外，还必须要赔偿"医药之资"；致残的要赔偿"养济之资""养赡之资"；致死的一律要赔偿"烧埋银"。过失侵害一般不再治罪，直接赔偿。

明清法律继承了元代的赔偿制度，但又做了一定的修改，一定程度上恢复了秦汉时期的传统。

第十二讲　包公和他的大铡刀
——传统的司法理念

扫一扫
观看本讲视频

今天讲古代的司法，提到古代的法官，几乎所有中国人的脑海里面，会立刻跳出一个人物，那就是包公。我们有一次招研究生，我们中国法制史专业的导师叶孝信教授出了一个列举题，列举你知道的历史上著名的法官。非常遗憾的是，大概十多个考生里，只有五个人列举了一位法官，就是包公，其中只有一个人写清楚了，北宋时期的包拯。这也说明中国老百姓心目中的好法官，就是包公。和包公搭配的法律道具，就是那龙头、虎头、狗头三把大铡刀。合肥包公祠有这三把大铡刀，河南开封府也有这三把大铡刀，每天上午都在"开铡"。

这个传统的司法形象，究竟反映了一种什么心态呢？作为传奇故事的主人公，包公所办的案件有多少应该是法官干的事情？用我们今天的眼光来看，所有的包公传奇故事，强调的都是他的破案能力，而不是裁断案件。这个形象反映出在中国民间文化

风靡华人世界的电视剧《包青天》剧照

里，人们对于法官的希望、对于司法的希望。

倒三角的配置

中国古代的哪些官员算是法官？如果从参与审判的角度讲，中国古代官员个个都有可能是法官，因为秦汉以后所有的地方基层政府都是行政司法合一的机构，长官就是一地最高法官。而中央任职的官员，也会被要求参与重大案件的会审，比如在清代，几乎所有在京的三品以上官员，都必须要参加每年秋季举行的"秋审"，好几百位高官从农历五六月份就开始阅读全国各地上报的斩、绞监候案件的卷宗，到农历八月末齐集午门广场，举行会审。尤其是古代官员的任职从不考虑专业，所有的文官都不停地在各种职位上轮转，很难找到一个从未参与过审判的官员。

如果从机构配置上来说，基层政府就是基层法院的话，我们可以发现，越是到官僚机构的上层，专职司法的部门就越多，呈现出"倒三角"的状况。

越到基层法官越少，最基层的县，行政司法合一，一个县的县官，秦汉叫县令，宋代以后叫知县，是这个县的行政长官，也是这个县的最高法官。地方上一级政府，秦汉是郡，唐宋是州，明清是府，也是行政司法合一的机构，郡守或刺史或知府，是最高行政长官，也是这个地区的最高法官。可是再上去一级，到一级行政区划，宋代和元代是路，明代和清代是省，到了这个级别，就出现一个专职的司法兼监察的部门，宋代叫提点刑狱，元代叫肃政廉访司，明清叫提刑按察司。

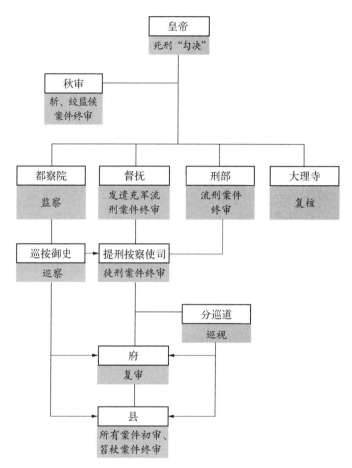

中国古代司法部门的"倒三角"

再往上到了中央,中央司法机关就更加复杂。至少唐宋开始,中央司法机关就有三个,三足鼎立。唐宋是刑部、大理寺、御史台,明清是刑部、大理寺、都察院,只是职责稍微有点变化。唐宋的大理寺是审判机构,刑部主要是管立法,同时复核大理寺的判决,御史台全程监督;明清改过来,刑部主管审判事务,大理寺复核刑部的审判,都察院还是管监察,号为"三法司"。

重重叠叠的监察

使这个倒三角配置更加复杂的是，作为基层的初审机构，县衙门还受到上级机关重重叠叠的监督。如果比照今天的说法，县为初审机构，府为二审机构，路或省为三审机构。那么和今天最大的不同之处，是上级这个二审、三审机构，根据制度，有权派员或者长官亲自到基层视察，甚至直接就在基层开庭办案。秦汉的时候，郡守经常亲自到各县巡查，提审案件，这个叫作"录囚"；或者是由郡守派出自己的属吏"督邮"到各县巡察。

后来各个朝代虽没有上级到基层"录囚"以及"督邮"巡查的制度，但是上级监察下级的制度越来越严密。比如明清的时候，省提刑按察使派出副手，称为"分巡道"，对府和县进行巡视监察。习惯上，接受分巡道巡视的府、县，凡是司法审判案件都要报送分巡道。一般一个省分两到三个道，比如我们上海地区，上海本身是一个县，属于江苏省的松江府，江苏省下面分设一个道，叫"苏松太道"，这位道台要巡查苏州府、松江府、太仓直隶州。晚清的时候这个道台的衙门就设立在上海，结果上海县的案件先报到松江府，松江府再上报到苏松太道，卷宗和被告又转回上海，一切顺利的话，再上报到苏州，因为江苏省的提刑按察使司设在苏州。原来的三级审理成了四级。

可是这样兜兜转转的上报并没有结束，因为从明中期开始，中央又向各省派出一省的最高军政长官"巡抚"。在各省之上，又有中央派出的管辖数省军政的"总督"。从理论上来讲，巡抚、总督是作为监察地方的长官，职权应该超越普通行政司法事务，可是巡抚、总督至少是和中央各部平级，向中央刑部报送案件，总得先报送巡抚、总督审阅,尤其是涉及伦常以及匪寇之类的重大案件,巡抚、总督还有直接审判、先斩后奏的权力。于是一个省内的审判就有了第五级乃至第六级。

另外,明代还设置了由中央都察院直接派出巡按御史到各省进行巡查的制度。巡按御史每年每省一员,在省内巡回监察,到了各县有权审理任何诉讼案件,检查所有案件卷宗,并直接受理民众申诉。这个制度到清朝初年犹存。

为了保证这套重重叠叠的监察制度能够确实落实到基层,明代规定,各个县城里都要建立重重叠叠、监察官员来到该县巡查时的衙门,平时空关,巡查的官员到来时开张。巡按御史在各县的办事衙门叫"察院",显然是从都察院的称呼简化而来。省提刑按察使司派出的分巡道、省布政使司派出的"分守道"在各县的办事机构叫"分司"。

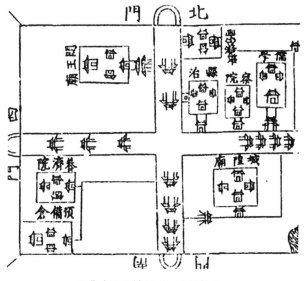

明代太原县城平面图(局部)

基层的"一人朝廷"

在"倒三角"最下面的这个小尖角,县一级的官员岗位编制极其精简。明代大规模削减了县级官员的配备,秦汉以来一直设置的县尉(正八品)一职被裁撤,县尉负责的治安、巡逻、监狱管理等项都由官品仅为未入流的典史来承担。另外两个传统县级官职——县丞、主簿都变成了非常设职位,大多数县都不再设置。全国的大多数县政务官只设有知县、典史二员。

在大幅度压缩编制的同时,明代又大大加强了知县的审判之责。原来各个朝代,知县并不直接受理诉讼案件;勘验现场、检验尸体、指导侦查,都是由县尉负责。从明代开始,这些都成为

明代小说《金瓶梅》插图"县官受理诉讼"

明代小说《水浒传》插图"假扮县官的李逵指令衙役执行判决"

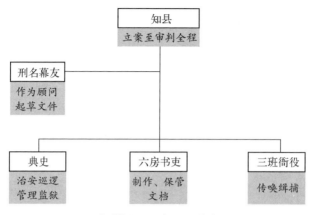

明清时期知县所组的工作班子

知县一个人的职责,也就是说,知县一人承包了从诉讼的案件受理到最后宣判执行的所有事务。

一般来说,随着社会经济的发展、社会复杂程度的上升,基层司法机构的诉讼压力应该会增加。但是明代基层司法机构的设置却比过去还要简化,真正成了个"一人政府""一人法院"。

从明代中期开始,官场上开始形成惯例,知县上任时会带有自己聘请的司法、财政顾问也就是"幕友"来组成自己的工作班子,尤其在司法方面的"刑名幕友",在这个私人性质的工作班子里坐第一把交椅。清人入关后公开承认这一官场惯例。

"明察秋毫"的压力

另外,中国传统法律文化对于法官还有更高的要求,无论是司法的指导思想,还是民间的舆论要求,都一致认定,法官不应该仅仅是个被动的裁判官,还应该是能够"明察秋毫"的破案高手。法官不是简单的各类纠纷的裁断者,还应该是消灭一切纠纷的终结者。

五代时有个叫和凝的官员,编了一本书叫《疑狱集》,集中编录各朝各代的疑难案件。他一共选了六十六个案件,而在这六十六个案件当中,差不多四分之三的案例都是讲如何侦破案件的。后来南宋人郑克编了一本《折狱龟鉴》,也是编录历史上的疑难案件,从春秋一直到南宋,一共有三百五十多个疑难案件,其中的破案故事达到三百个,只有五十个左右勉强算是法官如何进行裁断的故事。

所以,很明显,中国传统法律文化要求的是法官能够发现罪犯。从今天的眼光来看,那实际上是检察官的职责,可是中国传统社会舆论认定法官就是应该发现罪犯,老百姓为法官送的匾额,挂在审案公堂的房梁上,一般也写的是"明镜高悬",意思是法官能够像照妖镜一样,发现奸恶的当事人。

明人画的包拯像

我们今天讲的法官,是在双方提供证据后,进行仔细的鉴别,看谁的证据更合理,更能够接近事实。在双方的质证过程中,由法官来形成对于争议事实的看法,然后确认事实,再依据确认的事实来适用法律。而中国传统法律文化要求的是法官自己去发现事实,自己去寻找证据,然后按照自己所发现的事实来裁判案件。

所以，我们看传统法官的形象，他的眼睛一定要大。你看明代人画的包公，眼睛就够大的。到了后来，到了晚清，就必须有第三只眼睛了。左面是合肥包公祠里的包公，眼睛都凸出来了。而在小说戏曲里的包公，额头上还有个月牙痕，据说这个月牙痕就是他的第三只眼睛，有的案子破不了，他要靠这个月牙痕到阴间去破案。

合肥包公祠的包公浮雕

作为对比的蒙目女神

和中国传统法律文化中"明察秋毫"的要求不同，欧洲传统法律文化对于法官的要求没有这么高。我们看一下17世纪的捷克教育家夸美纽斯为儿童启蒙教育编写的读本《图画中的世界》，一共一百六十六页，一半是自然现象，一半是社会现象。每一页用一幅画来表示一种现象，然后旁边有文字，向小朋友们介绍有关这项事物的道理。这本书里专门有一页就是向小朋友介绍什么是"正义"，画了一幅正义女神。这个女神 Justitia，也就是法律女神，我们说过，在欧洲文字里面，"正义"和"法律"是一个词。

夸美纽斯向小朋友这样介绍正义女神：正义女神坐在一个四方的石头上面，她自己必须要端正，为了让她只有一个立场。她的两只眼睛要被布蒙起来，不让她看到双方当事人，所以，事实不是靠她去发现的，由当事人各自诉说自己对事实的看法，双方

夸美纽斯所画的正义女神

各自提供证据。而且她只能从一个角度听到声音,她的右耳被堵起来,只留下左耳听声音。她根据证据来形成谁更有道理的看法,然后用手中的天平衡量善恶,用手中的宝剑来处罚违法。

很显然,中西两种法律文化对于法官的要求有很大的不同,我们的法官要有三只眼,欧洲的法官则是瞎子,这表明中国人对于司法的概念和西方人对于司法的概念完全不同。中国传统的民间习惯、传统的法律文化的主流,对于法官的要求是发现罪犯,对于法官的裁断要求倒在其次。

"无讼"的理想

中国传统法律文化在司法理念方面的第二个特点,就是对于诉讼的基本态度、基本看法是消极的。以儒家为代表的主流传统法律观念认为社会纠纷的增加、诉讼的增加,反映的是对民众的教化不够,是社会道德水准的下降。

孔夫子对于诉讼说过一句名言,记载在《论语·颜渊》里。大概是有学生问他做法官的体会,大家都知道,孔夫子做过的最大的官,就是鲁国的司寇,司寇在春秋时期就是主管司法审判的法官,所以有学生想讨教夫子做法官的经验,孔夫子就讲了这句名言:"听讼,吾犹人也。必也,使无讼乎!"

这句话的意思稍微要解释一下。"听讼","听"就是主持的意思,主持诉讼活动,所以,"听讼"是主持审判的意思。"吾犹人也",就是我跟别人差不多。孔夫子并不认为自己当法官比别人当得好,或者说并不以自己成为一个成功的法官而满足。"必也",一般都解释为如果让我实现愿望的意思。"使无讼乎",如果让我实现愿望的话,我让这个地方的老百姓都没有诉讼发生。孔夫子不要当一个简单地裁断事实或发现犯罪的法官,他要做一个精神文明的引导者,要把全体国民的精神文明提高到没有纠纷、不打官司的精神境界。

我们从孔夫子的话反推过去,可知孔夫子认为,一个地方如果打官司成风,民间诉讼不停,这个地方的社会道德水平就实在是低下,精神文明程度不高。理想的社会应该是无讼社会,没有官司发生,没有纠纷。清代作家李汝珍写的《镜花缘》里讲到主人公来到一个"大人国",大人就是道德高尚的人,大人国就是风气极好的国度。全国所有的人都是谦谦君子,市场上做买卖的时候,讨价还价是倒过来的:"哎哟,老哥,我这个货不行啊,我只能出这个价了,已经是太高了。""老哥,你这个货色这么好啊,你这个价格出得太低,你再高点,我才能买。"道德底线高到这个程度,还会打什么官司呢?这个就是孔夫子喜欢的无讼社会。

后来历朝历代都将儒家思想作为朝廷的政治指导思想,官员的主体也是从接受了儒家教育的士大夫中产生,儒家成为主流社会意识形态。因此,儒家对于诉讼这种消极的看法也就成为司法观念的一个基础性的思路。诉讼发生是不好的,一个地方诉讼多,这个地方就属于"民风浇薄"。

清代将所有的县级政区进行划分,用四个字来表示治理的难度,像我们上海这个地方就叫"冲繁疲难"。"冲",上海是个交通要冲,来来往往官员很多,迎来送往的任务很重;"繁",赋税很重,明末上海县城里就有十万户口,每年上缴税收几万两白银,还要缴漕粮,财政事务很多很繁;"疲",本地老百姓不大怕官府,社会治安不好;"难",老百姓喜欢打官司,诉讼多,处理审判事务很难。一个地方像上海这样四字俱全的,就是"最要缺",最要紧的岗位,新任县官不能派过来,一定要在一个字的"简缺"县份历练过一任,然后又在两三个字的"要缺"县份历练过一两任的,才能派过来。我们给它算一下,全国一千七百多个基层政府,诉讼少的"简缺"一半不到,也就是说一半以上的基层政区,百姓都是喜欢打官司的,尤其是江西、江苏、浙江等省份,都被评为民风"好讼",可见儒家的"无讼"政治理想完全脱离实际。

19世纪末外国人所拍摄的晚清基层衙门

"息讼"的做法

"无讼"难以实现,所以在司法实践上,历代基层法官的对应之道是"息讼",尽可能平息诉讼。

很多人试图以教化的办法来平息诉讼,最著名的是《汉书》中记载的韩延寿。他每任一地的地方官,总是为当地的百姓拟定婚丧祭祀的礼节,让官学中的学生为百姓一一演示。有一次手下的一个胥吏骗了韩延寿,他非但没有追究罪责,反而深深自责,认为自己推行教化不力,致使身边的工作人员都没能受到感化。那个胥吏知道后羞愧难当,竟然自杀以报。韩延寿担任长安附近地方官左冯翊时,有一次巡视属县,来到高陵县,听说当地有两兄弟为争夺一块田产打了几年的官司,韩延寿大为伤感,说:"我凭着一时的机遇得为一地的长官,不能宣明教化,致使骨肉争讼,有伤风化,还连累乡官和邻里受辱,罪过都在我一个人。"于是就住进招待过往官府人员的传舍,不出来办公,闭门思过。这个县的官吏惶恐不安,只得一起离职待罪,让人把自己绑起来关进监狱。那两兄弟的亲戚都纷纷指责两兄弟牵连好官,两兄弟深深懊悔,脱了衣服,剃光了脑袋,到衙门里自首请罪,发誓平分土地,不再争吵。韩延寿这才出来接见两兄弟,请他们吃饭,教导他们为人的道理。这事传开后,属下的百姓都互相告诫不得轻易打官司。

韩延寿这样的做法太吃力了,后世模仿的法官并不多。既然民间诉讼是道德败坏的表现,历代就在法律上限制民间的起诉。除了重大的刑事案件外,唐代法律规定,一年中可以就"户婚田土钱债"之类纠纷起诉的时间限定在每年的十月一日至来年的二月三十日这五个月内。宋代法律对此稍加调整，缩短为十月一日至来年二月一日的四个月。明代法律虽然没有明文规定，可是各地的官府都有自己的"土政策"，规定只有在特定的"放告日"或"词讼日"里，才可以起诉。词讼日一般是每月的逢三、逢六、逢九的日子，这样一来，一年里能就民事纠纷起诉的日子最多不过百来天，比唐宋时还要少。清代仿照唐宋制度，每年的四月一日至七月三十日为"止讼"期，在衙门口竖起"农忙""止讼"的大牌子，民事方面的纠纷一律不得起诉。而且在其余的日子里仍旧沿袭明代的词讼日惯例，每月的三、六、九才可起诉。到了晚清，更有很多地方再减少到每月的三、八两日为词讼日，一年才有四五十天允许民间打官司，自然是把息讼的实效大大推进了一大步。

对比一下，在欧洲法律传统文化里不曾有这样理想化的理论。前文那个正义女神图像，可以看到画的右侧，是几个人在做买卖的样子，文字解说："签订契约的时候，要互换诚实，遵守协定和约束，把保存和借出的东西归还原处，不让每个人拥有的东西，受到别人的偷盗和损伤，这就是正义的规则。'摩西十诫'里的第五诫和第四诫所禁止的，违背信用，要通过绞车或者车裂的刑罚，正当地予以处罚。"显然，司法的任务只是保障交易的安全，并没有设想要消灭交易中的欺诈。

"审不厌诈"

中国传统司法理念的第三个特点，就是对于程序这个概念，不是很在意。拘泥于程序在古代的法官看来，是无能和愚蠢的表现。程序是死的，人是活的，只要能够制止犯罪，能够发现犯罪,能够解决案子,没有必要拘泥于程序。

我们前文提到,古代认为刑起于兵,兵刑合一。司法过程可以比拟为带兵打仗。而古代兵家认为,打仗是不应该有规则的,《孙子兵法》说"兵不厌诈",打仗越狡猾越好,越不讲道理越好。于是认为司法审判要发现罪犯,也可以不择手段。《折狱龟鉴》里专门列有"谲盗""谲贼""钩慝"等门类,"谲"是欺诈、玩弄手段的意思;"钩"是引诱、诱导的意思,"慝"就是坏蛋。采用种种手段诱使坏蛋自投罗网,是法官常用的手段,被认为是有极大智慧的表现。

包公作为法官,能够让大家赞叹的案例,在南宋人编的《折狱龟鉴》中只收录了一件,后来也被收入《宋史·包拯传》里。而这一件恰好就是"钩慝"的案件。

那是包公第一次做官,为安徽天长知县。有个农民跑到包公这里来报案,说自己家的牛突然不吃草,满嘴都是鲜血,把牛嘴巴扒开来一看,原来牛的舌头被人割掉了,请求大人给我做主,抓住那个割我牛舌头的罪犯。包公说不慌,你先回去,明天大白天你把这头牛杀了。这里面有一个前提,在中国古代,杀牛是重罪,据说在秦朝时是要被判死刑的,到了唐宋的时候,死刑不判了,但是算重罪,要判一年半徒刑,而且和"十恶"一样,不可赦免。要注意,这个行为是杀自己的牛,就构成"私宰耕牛"的重罪。宋代还有法律明文规定,一个县官如果在他任期三年之内,发生七起以上农民私自屠宰耕牛案件的,这个县官就要降级,任满以后不能再做县官,降级为县丞。包公叫这个人回去,青天白日、大庭广众之下,把这头牛杀了。又过了一天,另外一个农民来报案,揭发自己村里有个农民,昨天公然私自宰杀耕牛,请求大人把他绳之以法。包公一拍桌子,说:"那你前天晚上为什么把他们家的牛舌头割了？"那个农民一听，跪下咚咚磕头，承认是自己和那个农民有过纠纷，怀恨在心，便割了他家耕牛的舌头进行报复。又看到那农民屠宰耕牛，就趁机想陷他于罪。于是包公就把这个屠牛罪加到了这个揭发者头上，打他一顿，判了徒刑。

这是包公被记录在正史里的唯一一个案件，使用了今天认为是"诈术"的破案方法，让犯罪嫌疑人自动投案。但这个办法产生一个问题，原来是一个犯罪行为，现在法官有意制造了第二个犯罪行为，而且是比原来那个犯罪行为更为严重的犯罪行为，公然屠宰耕牛，还造成了不良社会影响。但是没有人计较这一点，所有的记述者都是站在赞赏包公的智慧的立场上。

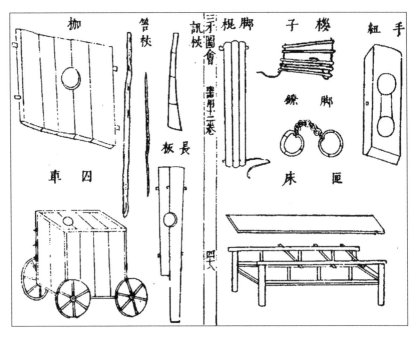

明《三才图会》一书记载的刑具及戒具图

"造律"的判决

侦破案件可以直接使用诈术,裁判案件也可以"异想天开",采用非常理的逻辑推断。

西汉时有个丞相叫黄霸,原来是个地方官,以善于断狱闻名。他处理过一个案件,也作为名案收入了各类案例集。这个案子本身也是极其奇怪的,是个"一妻三夫"的案件。有个女人同时嫁给了三个男的,后来因为这个女人生的孩子的归属问题,三个男人发生了纠纷。因为这个女人只生了一个儿子,生了好多女儿,这三个男人都是父亲,现在他们都要儿子不要女儿,然后就为了争这个儿子开始吵架,开始打官司。官司打到黄霸那里,黄霸说:这个不是人做的事情,这三个人都是野兽,所以,这个案子不能按照对人的办法来解决,要用对付野兽的办法来解决。怎么对付野兽?那就是把这三个男人全杀了,儿子归这个母亲抚养。

这个案件根本就没有法律依据,但是记述者认为黄霸有大智慧。这个故事并不见于《汉书·黄霸传》,是在黄霸死了好几百年后,由唐朝人杜佑记述在《通典》里的。杜佑在写《通典》的时候,专门编了一个章节,记述历史上的著名案件,这就是其中的一件。

同样也是杜佑在《通典》里记述了汉代的一个法官、有名的"能吏"王尊办的案件。王尊在做地方官的时候,当地发生案件,有个人把自己的妈当作老婆,"以母为妻"。这样的乱伦行为,法律没有规定,立法者大概都没有设想会发生这种情况。王尊怎么处理呢?他说这个是圣人所说的"造律",法律上没有规定,但是可以"造"出来。他"造"的法律,和黄霸采用的办法一样,说这个儿子不是人,是个野兽。于是下令把这个儿子绑在树上,然后让五个人骑着马转圈,一边跑一边射箭,就像打猎一样,把这个儿子活活射死。这案子就这样解决了。

这种"造律"看上去完全罔顾法律,完全是非法判决,但是不要忘记,我们在本书一开头就说明过,中国传统法律文化的特点,就是行为规范体系的立体化,在法律之上还有"天理"和"人情",是一个巨大的综合体系。法官认定是违反天理、违反人情的行为,从理论上讲,就可以用"造律"的方法予以解决。

"箭垛式"的包公

胡适为《三侠五义》写的序言里说过,包拯是一个有福之人,不知道为什么,他就像一个"箭垛"(射箭的靶子)一样,后世的作者不断将历史上的著名案件、离奇案件都"射"到了包拯身上,成就了包公的传奇。

事情确实就是这样,包公的传奇是一个极富传播学意义的事例。刚才我们说了,南宋人编写的《折狱龟鉴》里记述了包公的这个"智断牛舌案"。可是要知道,在那本书里总共记述了五十多位宋代的法官,其中有七个法官有两个以上的典型破案故事,所以,包公在南宋人心目中并不是最著名的、最富于智慧的法官。到了元代,有关包公作为法官断案故事的杂剧就大大增多,全面压倒了其他宋代的人物。到了明代小说《包龙图百家公案》里,就将历史上所有的著名案件都"射"到了包公身上,其中真正为包公所裁断的,仍然只是"智断牛舌案"这一个,其他九十九个通通与包公一点关系都没有。

第十二讲 包公和他的大铡刀

最能够代表杂剧、小说中包公形象意义的，莫过于那三把大铡刀。在传统的包公戏里，这三把大铡刀是皇帝授予包公的"先斩后奏"权力的象征。包公只要看到不法不公之人，就立刻可以"开铡"，恶霸地痞用狗头

合肥包公祠中的三把大铡刀

铡，贪官污吏用虎头铡，皇亲国戚用龙头铡。虽然让观众大为痛快，可是这些传说根本没有任何的历史根据。

首先，这三把大铡刀完全来自民间的想象。在中国历史上，铡刀从来没有成为过法定刑具。甚至铡刀的"铡"字，在包拯生活的时代，也就是北宋时期，都还没有这个"铡"字。在元朝的文献和文学作品里才开始有这个字。第一部收入"铡"字的汉字字典是明代的《字汇》，它对这个"铡"字的解释很简单："铡，铡草也。"铡刀就是铡草的工具，金字部首表示它属于金属工具，右侧的"则"，有等分的意思。就是冬季给马牛喂干草的时候，用这个工具可以很方便地等分切割干草。所以，我们完全有理由相信，铡刀是蒙古族带入中原的一种生产工具。元代杂剧里提到，有的权豪之家用铡刀杀人，包公也有皇帝赐予的"势剑铜铡"。但在明代小说《包龙图百家公案》里，完全找不到铡刀的踪迹。一直到清末小说《三侠五义》里，才有了包公得到皇帝赐予的三把大铡刀的描写。

其次，"先斩后奏"的权力也从来不会下放给包公这样的文官。像包公这样能够把陈世美这样有特权的皇帝女婿都先斩后奏，那是绝对不可能的。在中国历史上，皇帝授予"先斩后奏"

权力的情况，只限于战区指挥官。战争形势瞬息万变，指挥需要有令行禁止的高效率，所以皇帝会给指挥官"先斩后奏"的权力，允许对不执行指令的低级军官以及士兵、当地不服从指挥的百姓立即执行死刑。但是文官并不能"先斩后奏"，因为中国历史上不要说文官被处死，就是被捕也必须经过皇帝的批准。当然，如果文官担任了战地指挥官，也会被授予"先斩后奏"的权力。实际上，中国历史上很奇怪的一个现象是，一个战区的最高指挥官，常常是由文官来担任的。每个朝代开始的时候，战区司令官都是武将，但是从这个朝代中期开始，一直到它灭亡，战区司令官一般都是文官。我在《金戈铁马》一书里讨论过这个问题。可是历史上的包拯、传说中的包公，从来没有担任过战区指挥官的职务。

所以，于史无据的包公那三把大铡刀、包公"先斩后奏"的权力，实际上都是民间意念的追求，是民众的一个愿景。民众希望看到的不是按严格的程序推导出案件的事实，准确地引用法律，最后做出判决。民众希望法官能够直觉地靠头上那第三只眼，直接地确认事实，根本无须经过什么证明，法官认定的就是事实，然后迅速地执行判决，将罪犯"绳之以法"。至于那"准绳"究竟是什么法，哪一条法，根本不重要。很多包公戏里，只要包公喊一声"按律"，就算是交代了包公"开铡"的法律依据了。

那么在民间的传统观念里，包公这样的法官代表的还是"裁断"吗？很显然，在这样的场景下，包公这个形象代表的是直接的报应。在中国传统法律文化的司法概念里，处理犯罪如同作战，铡刀就代表了直接的报应，就跟打仗一样在消灭敌人。而消灭敌人，不用太多讲究，也不用太多的程序。

本讲小结

中国传统法律文化的司法理念与整个法律文化体系高度一致。多层次、一体化的规范体系是司法审判的重要依据,并不仅仅局限于法律本身。同样,为了突出维护朝廷统治秩序为主的司法审判重点,同样贯彻"抓大放小"的原则。在司法机构的设置上采用了"倒三角"的配置,越往上,参与审理重大案件的机构就越多,甚至像"秋审"那样扩大到高级文官全体参与的程度。相反,处理基层民间诉讼的机构越来越简单,最基层的县衙成为"一人政府""一人法院"。

在司法审判上,传统法律文化强调法官的职能主要是发现罪犯、发现事实。对于民间的财产纠纷则采取教化训导,实现"无讼"的理想。司法的终极目的,不是维护个人的权益,而是维护朝廷统治秩序的稳定,所以,司法审判附属于整个朝廷的统治系统。可以通过用战争方式或拟战争方式来实现稳定,严格的程序并不是司法审判首先要考虑的问题。

延伸阅读书目

瞿同祖《中国法律与中国社会》，中华书局 2003 年版。
叶孝信主编《中国法制史》（第三版），复旦大学出版社 2017 年版。
郭建等《中华文化通志·法律志》，上海人民出版社 1998 年版。
郭建主编《中国法律思想史》（第二版），复旦大学出版社 2018 年版。
[日] 仁井田陞《中国法制史》，牟发松译，上海古籍出版社 2018 年版。
[美] D. 布迪、C. 莫里斯《中华帝国的法律》，朱勇译，江苏人民出版社 2010 年版。

后记

本书是我主讲的网络公开课程"中国传统法律文化"讲稿的修订版。

2012年春夏之交,复旦大学教务处要求我录制这门课程。说起来有点蹊跷,因为在复旦大学的课程表上并没有这门课程。尽管我确实曾经在校内讲过这门课程,可那已经是二十六年前的事了。那时自己硕士研究生毕业刚一年,只是个小助教,真正是初生牛犊不怕虎,自告奋勇地响应学校多开设校内公共选修课程的号召,开设了一门"中国法律文化史",只上了一个学期,觉得不合适,就申请撤销了。五年后的1991年,又开设一门"中国法律与中国文化"的公共选修课程,也只一个学期,就因为其他课程忙不过来而停课了。

不过话又要说回来,我在从事自己本专业中国法制史的研究与教学中,一直比较注意归纳与总结更广泛意义上的中国传统法律文化现象。先后出版过《中华文化通志·法律志》(上海人民出版社1998年版)、《中国法文化漫笔》(东方出版中心1999年版,2006年改名《獬豸的投影——中国法文化》由上海三联书店再版)、《五刑六典》("制度文明与中国社会"丛书,长春出版社2004年版)、《非常说法——中国戏曲小说中的法文化》(中华书局2007年版)、《古人的天平——中国古典文学名著中的法文化》

（当代中国出版社2008年版）、《戒石铭与皮场庙——中国古典名著的法眼解读》（北京大学出版社2012年版）、《金龙难娶玉堂春——中国传统戏曲的法眼解读》（北京大学出版社2012年版）、《皇权与铡刀——包公戏里的法文化》（贵州教育出版社2018年版）等书。自2006年开始，也经常在中央电视台"社会与法"频道的"法律讲堂"、上海电视台纪实频道"文化中国"等电视节目中担任法律文化方面的主讲嘉宾。因此，应该说有一定的知识积累和心得体会。

所以当教务处下达指令后，我还是很认真地备课并开讲和录像。很顺利地录制完课程后，得到了出版单位高等教育出版社的好评。该课程于2013年上网，并且在2014年被教育部评为网络公开课程精品课程，在很多网站上受到欢迎。2019年初从一些学生处得知，本课程还被学习强国App的"每日慕课"栏目收藏，可以手机浏览及下载。

由于课程录制时比较注重其观赏性和通俗性，而且录制后的编辑中也省略了不少内容，说起来还是有点缺憾，因为觉得自己有关传统法律文化的书籍已经写过不少，对于要不要将这门课程的讲稿修改后出版，还是有一些疑虑的。但是在老朋友、复旦大学出版社张永彬副总编的鼓励劝导下，才下定决心乘着这个暑假进行修订，并交付出版。在此需要感谢永彬兄，也要感谢责编王益鸿的精心编辑。当然，还要感谢复旦大学教务处当年提供的这个机会。

这次修订在原来讲稿的基础上进一步注意到叙事的系统性，补充了一些内容，并且增加了一些图片，试图给读者留下更全面的中国传统法律文化的印象。但愿本书能够使读者享受到开卷有益的快乐。

郭　建

2019年8月

图书在版编目(CIP)数据

中国传统法律文化精讲/郭建著. —上海：复旦大学出版社,2020.6(2024.8 重印)
ISBN 978-7-309-14996-8

Ⅰ.①中… Ⅱ.①郭… Ⅲ.①法律-传统文化-研究-中国 Ⅳ.①D909.2

中国版本图书馆 CIP 数据核字(2020)第 070395 号

中国传统法律文化精讲
郭　建　著
责任编辑/张永彬　王益鸿
复旦大学出版社有限公司出版发行
上海市国权路 579 号　邮编：200433
网址：fupnet@fudanpress.com　　http://www.fudanpress.com
门市零售：86-21-65102580　　团体订购：86-21-65104505
出版部电话：86-21-65642845
上海崇明裕安印刷厂

开本 890 毫米×1240 毫米　1/32　印张 7.625　字数 178 千字
2020 年 6 月第 1 版
2024 年 8 月第 1 版第 3 次印刷

ISBN 978-7-309-14996-8/D·1029
定价：35.00 元

如有印装质量问题，请向复旦大学出版社有限公司出版部调换。
版权所有　侵权必究